Johannes Galli

Märchen

spielend erlösen

Galli

Das vollständige Verlagsprogramm des Galli Verlag e.V. finden Sie im Internet unter www.galliverlag.de

ISBN 978-3-943072-63-1
1. Auflage 2014

Galli Verlag
Adelheidstr. 21
D-65185 Wiesbaden
Tel. +49(0)611- 341 89 99
Fax +49(0)32 211 226 80 128
eMail verlag@galli.de
Internet www.galliverlag.de

Produktion & Layout: Daisy Jane Ehrlich
Lektorat: Andrea Enri Weber
Fotos: Laura Carolina

Inhalt

Vorwort des Autors.

Der Glaube, dass sich Märchen nur für Kinder eignen, ist weit verbreitet. Die Märchen bilden den größten Kulturschatz, den wir haben. Denn genau genommen sind sie Geschichten für die Seele. Kinder glauben ohne Weiteres an die Existenz einer Seele und sind in der Lage, die Symbole, die in Märchen bearbeitet werden, zu verstehen. Später im Leben, wenn der Verstand dominant wird, erscheinen die Märchen als irreal, ja sogar oft grausam. Dies beruht auf dem Irrglauben, Märchen seien wirkliche Geschichten. Märchen sind aber keine wirklichkeitsgetreuen Geschichten, sondern über Symbole verschlüsselte Einweihungswege der Seele. Sich einem Märchen spielend anzunähern heißt immer, in seine eigenen Seelentiefen hinabzutauchen. Schwere Erschütterungen sind die Folge. In einer verstandes geprägten Welt werden Symbole nicht mehr verstanden. Alles, was nicht logisch erklärbar ist, wird vom Verstand nicht akzeptiert. So ist bedauerlicherweise der Begriff Märchen gleichgesetzt worden mit Lüge. Die Redewendung "Erzähl doch keine Märchen" bedeutet: "Erzähl doch keine Unwahrheiten". Die ursprüngliche Bedeutung der Märchen, Hilfestellung für die Entwicklung der Seele zu sein, ist im Laufe der Zeit immer weiter vergessen worden und Märchen sind zu dem geworden, was sie heute sind: Belächelte Geschichten, an die nur Kinder glauben. Sieht man die Märchen aber als Symbole, um Menschen, die durch ihr Lebensschicksal in schwierige Situationen geraten sind, zu helfen, dann wird man schnell begreifen, wie wertvoll diese Geschichten für die Seele sind. Die Märchen verfolgen alle dasselbe Prinzip: Zuerst wird das Problem geschildert. Entweder hat die Heldin oder der Held keine Mutter, aber einen starken Vater oder eine starke Mutter und keinen oder einen schwachen Vater. Immer werden Bedingungen ge-

schaffen, in denen der Held oder die Heldin mit zu wenig männlicher oder zu wenig weiblicher Energie ausgestattet ist. Immer erscheint schon zu Beginn des Märchens ein energetischer Mangel der einen oder anderen Seite. Nun kommt es in den Märchen zu einer Katastrophe. Der Held oder die Heldin muss sich transformieren, um die Herausforderung des Lebens zu meistern. Am Ende des Märchens steht immer die Hochzeit zwischen männlicher und weiblicher Energie. Die Heilung der Seele ist also geschehen. Denn die Seele definiert heil sein als Ausgleich zwischen männlicher und weiblicher Energie. Das Ziel ist erreicht, wenn der Held oder die Heldin seelisch ausgeglichen ist. Alle Märchen zeichnen den Weg der Seele nach. Dieser Weg ist je nach Ausgangsbedingungen sehr verschieden. Das Ende, das Ziel ist immer gleich: Ausgeglichenheit der Seele.
Jeder Kulturkreis verfügt über eine eigene Sammlung von Märchen. Im Kern aber sind alle Märchen gleich. Sie berichten von der Transformation des Helden oder der Heldin mit gutem Ende. Lediglich die Auswahl der Märchen stellte mich vor ein Problem, denn es ist nicht immer leicht, aus einer Fülle das Wichtigste zu finden. In der vorliegenden Bearbeitung von zwölf Grimmschen Märchen habe ich mich am Bekanntheitsgrad der Märchen orientiert. In einer kurzen Zusammenfassung zu Beginn jedes Märchens soll im Leser das Märchen wieder aktiviert werden. Sodann folgt eine Deutung der Symbolsprache der Märchen und darauf folgen drei Schlüsselszenen, die es den Spielern ermöglichen, tief in die Welt der Seele einzutauchen, um dort neue Orientierung für ihr Leben zu finden.
Die hier vorgestellten Märchen sind: Dornröschen, Rotkäppchen, Rumpelstilzchen, Froschkönig, Schneewittchen, König Drosselbart, Hänsel und Gretel, Eisenhans, Aschenputtel, Hans im Glück, Rapunzel und Der Wolf und die sieben Geißlein.

Zwölf Märchen und ihre Schlüsselszenen

1. Dornröschen.

Ein Königspaar wünscht sich sehnlichst ein Kind. Eines Tages, als die Königin ein Bad nimmt, erscheint ein Frosch und prophezeit ihr die Geburt einer Tochter. Und so geschieht es auch. Nach langem Warten wird dem Königspaar endlich die Tochter geboren. Aus Freude darüber lädt der König seine Untertanen zu einem Fest, darunter auch zwölf weise Frauen, die Feen des Landes. Zwar gibt es derer dreizehn, aber da es nur zwölf goldene Gedecke am Königshofe gibt, wird die dreizehnte nicht zur Taufe der neugeborenen Königstochter eingeladen. Sie erscheint dennoch, gerade als die zwölf guten Feen dem Kinde gute Wünsche bringen, und belegt das Mädchen mit einem Fluch. Sie soll sich an ihrem fünfzehnten Geburtstag an einer Spindel stechen und daran sterben. Die zwölfte Fee, die ihren Wunsch noch nicht ausgesprochen hat, wandelt den Todesfluch in einen hundertjährigen Schlaf um.
Der König lässt daraufhin, wie er glaubt, alle Spindeln im Königreich verbrennen. Doch eine Spindel bleibt übrig: Im eigenen Schlossturm.
Als Mutter und Vater an ihrem fünfzehnten Geburtstag das Mädchen alleine lassen, geht sie trotz des elterlichen Verbots in ein Turmzimmer. Dort entdeckt sie eine alte Frau beim Spinnen. Die Prinzessin will es auch versuchen und sticht sich mit der Spindel in den Finger. Sie fällt in einen tiefen Schlaf und mit ihr der gesamte Hofstaat. Eine undurchdringliche Dornenhecke wächst um das Schloss. Viele Prinzen, die versuchen, das schlafende Dornröschen zu erreichen, bleiben in der Dornenhecke hängen. Erst nach hundert Jahren gelingt es einem Prinzen, die Dornenhecke zu durchdringen, die sich nun in Rosen verwandelt. Er gelangt in den Turm, wo er die Königstochter wachküsst und so auch den Schlaf des Hofstaats beendet. Dornröschen und der Prinz heiraten.

1.0 Deutung.

In Dornröschen ist der verschlafene Mensch aufs Wunderbarste gezeigt. Eingeschlafen zu sein ist nicht nur ein Gräuel, sondern birgt für die Seele auch eine nützliche Seite. Die Seele braucht Schutz durch Schlaf und die Verhüllung durch die Dornenhecke, um den rechten Moment erkennen und nutzen zu können. Gerade das Sich-Verbergen-Können und vor allem für die Frau das Warten-Können, Schlafen-Können, Entspannen-Können ist der große Schlüssel, der in diesem Märchen ruht.
Die große Gefahr, auf die man in diesem Märchen hingewiesen wird, ist, dass man schlafend durchs Leben geht, sich einkeilt in seine eigenen Mechanismen und dort stirbt, ohne jemals erlöst zu werden.
Ferner geht es um die Tatsache, dass man ähnlich wie Dornröschen bei der Tauffeier vom Schicksal zwölf gute Eigenschaften mitbekommt. Aber es gibt auch einen Fluch. Das ist genau die Eigenschaft, die man nicht einlädt, nicht zu integrieren vermag. Genau diese ist es, die das Leben bedroht.
Und als Dornröschen in die Pubertät kommt, greift der Fluch. Sie sticht sich an der Spindel, es fließt Blut, sie hat ihre erste Blutung, die Hormone schießen ein und die Seele des jungen Mädchens wird von der Leidenschaft eines erwachenden weiblichen Körpers eingeschläfert. Aus dem seelenhaften Wesen wird ein Teenager, der das Leben kennenlernen will und in vollen Zügen genießen will.
Die Erlösung ist die Erlösung durch den Prinzen. Das heißt, der innere männliche Teil erweckt den weiblichen Teil und beide Teile bilden ein vollständig Ganzes und der Mensch ist in der Lage, wann immer es die Intelligenz einer Situation fordert, männlich oder weiblich zu reagieren. Beide Seiten stehen ihm zur Verfügung.

1.1 Erste Schlüsselszene: Der Fluch.

Bühnenaufbau: In der Mitte der Bühne steht ein Stuhl. Darauf setzt sich das Mädchen. Zu harmonischer Musik erscheint von links kommend vom Publikum aus betrachtet eine weiß gekleidete Frau. Diese formuliert Wünsche:
WEIßE FRAU: Ich wünsche dir Frieden. Ich wünsche dir Schönheit. Ich wünsche dir ein harmonisches Leben. Ich wünsche dir ein erfolgreiches Leben. Ich wünsche dir großen Reichtum. Ich wünsche dir einen verständigen Lebenspartner. Ich wünsche dir geglückte Kinder. Ich wünsche dir viele angenehme Reisen. Ich wünsche dir ein sorgenfreies Leben. Ich wünsche dir Gesundheit. Ich wünsche dir ein langes Leben. Ich wünsche dir Liebe.
Nach einer Weile erscheint von der gegenüberliegenden Seite eine schwarz verkleidete Frau.
SCHWARZE FRAU *(mit krächzender Stimme)*: Ich bin das, was du in deinem Leben nicht sehen willst.
Im Folgenden wählt die schwarze Frau einen der sieben Sätze aus, der ihrer Meinung nach am meisten zu dem Mädchen passt:
SCHWARZE FRAU: Ich wünsche dir, dass du an deiner Trägheit so lange leidest, bis du untergehst. Ich wünsche dir, dass du an deinem Zorn so lange leidest, bis du untergehst. Ich wünsche dir, dass du an deiner Gier so lange leidest, bis du untergehst. Ich wünsche dir, dass du an deinem Hochmut so lange leidest, bis du untergehst. Ich wünsche dir, dass du an deiner Wollust so lange leidest, bis du untergehst. Ich wünsche dir, dass du an deinem Geiz so lange leidest, bis du untergehst. Ich wünsche dir, dass du an deinem Neid so lange leidest, bis du untergehst.
MÄDCHEN *(ruft)*: Wie passt das zusammen?
Die beiden Frauen verneigen sich und sagen:
WEIßE und SCHWARZE FRAU: Das herauszufinden, ist der Sinn deines Lebens.

1.2 Zweite Schlüsselszene: Der Stich.

Bühnenaufbau: In der Mitte der Bühne steht ein Stuhl. Auf diesen setzt sich eine Spielerin in frauenhafter Kleidung, die Tante. Neben ihr kniet die andere Spielerin in mädchenhafter Kleidung.

MÄDCHEN: Liebe Tante, ab heute bin ich eine Frau.

TANTE: Es ist gut, den Übergang vom Mädchen zur Frau bewusst zu erleben und ausgesprochen bewusst das Schicksal einer Frau anzunehmen.

MÄDCHEN: Ich will aber das Schicksal einer Frau nicht annehmen. Ich will träumen von Liebe, Glück und Harmonie. Von schönen Reisen, von großen Momenten, von Lachen, Freude und Liebesglück. Von schönen Kleidern und Luxus. Von Männern, die mich begehrlich anblicken.

Die Spielerin fährt noch fort, ihre eigenen, individuellen Wünsche und Tagträume zu formulieren.

TANTE: Du wirst lernen müssen, dass sich deine Wünsche nicht erfüllen.

MÄDCHEN *(schreit auf)*: Warum nicht?

TANTE: Wir sind dem allmächtigen Schicksal unterworfen. Und das Schicksal richtet sich auf keinen Fall nach deinen Wünschen.

MÄDCHEN: Ich will mein Schicksal aber nicht.

TANTE: Was willst du dann?

MÄDCHEN: Ich will meine Träume träumen und meine Träume leben. Wir sind doch auf der Welt, um unsere Träume zu leben, oder?

TANTE: Nein. Wir sind auf der Welt, um unsere Seelenaufgabe zu lösen.

MÄDCHEN: Und was ist mit meinen Träumen?

TANTE: Träume sind Illusion. Sie helfen dir niemals weiter. Werde seelenhaft.

MÄDCHEN: Ich will es versuchen.

1.3 Dritte Schlüsselszene: Der rechte Moment.

Bühnenaufbau: In der Mitte der Bühne steht ein Stuhl. Auf dem Stuhl schläft sitzend die junge Frau. Davor, dunkel gekleidet, steht die Dornenhecke. Es treten nacheinander mehrere Bewerber auf oder ein Bewerber erscheint öfters in verschiedenen Rollen. Die Aufgabe der Dornenhecke ist es nun, Charakterschwächen des oder der Bewerber zu formulieren. Hierbei geht es in erster Linie darum, dem Bewerber einen Schock zu versetzen wie zum Beispiel:
DORNENHECKE: Du bist hinterhältig... Du bist zu dick... Du hast das Gesicht eines Verlierers... Du bist ein Feigling... Du kannst keine Frau ernähren... Du bist grob... Du bist zu alt...
Sind die Bewerber oder der Bewerber für einen Moment sprachlos, weil sie getroffen worden sind, können sie nicht weitergehen. Sie sind sozusagen in der Dornenhecke hängen geblieben. Nur der Bewerber, der unbeeindruckt ist, kann an der Dornenhecke vorbei auf die junge Frau zutreten und küsst sie auf die Stirn oder auf die Hand. Die junge Frau schlägt die Augen auf.
JUNGE FRAU: Wer bist du?
BEWERBER: Ich bin dein Prinz.
JUNGE FRAU: Woher weiß ich das?
BEWERBER: Ich kam im rechten Moment.
JUNGE FRAU: Was ist der rechte Moment?
BEWERBER: Wenn sich dein Herz und mein Herz öffnen.
JUNGE FRAU: Erlöse mich.
Der Bewerber hilft der jungen Frau, vom Stuhl aufzustehen. Zu schöner Musik verneigen sich beide voreinander. Die Dornenhecke Spielerin hebt segnend ihre Hände über die junge Frau und den Bewerber.

2. Rotkäppchen.

Ein kleines Mädchen lebt allein mit ihrer Mutter im Wald. In einem Haus noch tiefer im Wald lebt ihre Großmutter. Die Großmutter liebt ihre Enkelin sehr und schenkt ihr zum Schutz eine rote Kappe. Seither wird das Mädchen Rotkäppchen genannt.
Eines Tages wird die Großmutter krank und die Mutter schickt Rotkäppchen mit einem Korb mit stärkendem Kuchen und Wein zur Großmutter. Die Mutter warnt Rotkäppchen eindringlich, sie solle nicht vom Weg abgehen. Doch im Wald trifft Rotkäppchen den Wolf und ganz unbefangen spricht sie mit ihm. Der Wolf lockt aus Rotkäppchen heraus, wo die Großmutter wohnt, die sie besuchen will. Dann bringt er sie dazu, einen schönen Blumenstrauß für die Großmutter zu pflücken. Rotkäppchen widersetzt sich also der Warnung der Mutter und geht vom Wege ab, um zu den schönsten Blumen zu gelangen.
Der Wolf aber eilt geradewegs zur Großmutter und verschlingt sie. Dann verkleidet er sich mit ihrem Nachthemd, ihrer Brille und ihrer Schlafhaube und legt sich in ihr Bett, um auf Rotkäppchen zu warten.
Als Rotkäppchen das Haus der Großmutter erreicht und eintritt, sieht sie den verkleideten Wolf im Bett liegen. Verwundert fragt sie ihn, warum er so große Ohren, Augen, Hände und Maul habe. Doch auch als er antwortet, damit er sie besser hören, sehen, packen und fressen könne, erkennt sie nicht den Wolf und wird ebenfalls verschlungen.
Als der Jäger durch seinen Wald geht und das übermäßig laute Schnarchen des Wolfes aus dem Hause der Großmutter hört, wird er misstrauisch und will nach dem Rechten sehen. Da entdeckt er den Wolf in Großmutters Bett. Er schneidet ihm den Bauch auf, rettet Rotkäppchen und Großmutter und füllt dem Wolf Steine in den Bauch. Als der Wolf erwacht und aufstehen will, fällt er sich zu Tode.

2.0 Deutung.

Im Märchen Rotkäppchen wird das Schicksal eines Mädchens, das ohne Vater aufwachsen muss, bearbeitet. Aus welchen Gründen auch immer, der Vater ist nicht anwesend und Rotkäppchen wächst ohne die schützende Kraft des Vaters auf. Stattdessen begegnet ihr der Wolf - das abgedrängte Böse im Mann. Rotkäppchen ist also als vaterloses Mädchen den dunklen Triebkräften des Mannes ausgeliefert.

Das Ziel des Wolfes ist es nicht, Rotkäppchen zu verschlingen, sondern er will Rotkäppchen verführen, dass sie zu ihm aus freien Stücken ins Bett steigt. Dazu nutzt er verschiedene Strategien. Zum einen schickt er sie in den Wald, um dort Blumen für die Großmutter zu pflücken, was nichts anderes bedeutet, als dass er sie mit Drogen verführt. Viele Drogen werden aus Blumen, wie zum Beispiel dem Mohn, hergestellt.

Eine weitere Strategie des Wolfes ist es, dass er sich als Rotkäppchens Großmutter ausgibt. Die Großmutter, also die Große Mutter, symbolisiert immer die Seele. Der Wolf verschlingt die Seele, weiß also um die tiefsten Wünsche und gaukelt Rotkäppchen vor, dass er ihre Seele kenne und die Wünsche ihrer Seele erfüllen könne. So gelingt es ihm, das Rotkäppchen wie von ihm gewünscht mit Haut und Haar zu verschlingen.

Aber nun geschieht Merkwürdiges: Inmitten der Dunkelheit im Wolfsbauch treffen sich Rotkäppchen und ihre Großmutter wieder. Der Weg aus der Depression ist es, sich seiner Seele bewusst zu werden. Nachdem sich also Rotkäppchen in tiefster Dunkelheit wieder mit ihrer Seele vereint hat, geht sie gestärkt aus dieser Krise hervor. Der Jäger, grün wie der Frühling, ist das Symbol des Neuanfangs. Er hilft Rotkäppchen, die nun seelisch gestärkt ist, ein neues Leben an Licht und Luft zu beginnen.

2.1 Erste Schlüsselszene: Die Verführung.

Das Mädchen geht über die Bühne spazieren, da begegnet ihr der Wolf. Mit verführerischer Stimme spricht der Wolf zu dem Mädchen:

WOLFGANG: Trinkst du gerne ein Bier mit mir?

Das Mädchen antwortet, je nach ihrer wahren Anfälligkeit für diese Droge, mit Ja oder Nein. Wolfgang fährt fort:

WOLFGANG: Trinkst du ein Gläschen Wein mit mir?

Das Mädchen antwortet, je nach ihrer wahren Anfälligkeit für diese Droge, mit Ja oder Nein. Wolfgang fährt fort:

WOLFGANG: Trinkst du eine Tasse Kaffee und isst du ein Stück Kuchen mit mir?

Das Mädchen antwortet, je nach ihrer wahren Anfälligkeit für diese Droge, mit Ja oder Nein. Wolfgang fährt fort:

WOLFGANG: Wollen wir ein Gläschen Sekt trinken?

Das Mädchen antwortet, je nach ihrer wahren Anfälligkeit für diese Droge, mit Ja oder Nein. Wolfgang fährt fort:

WOLFGANG: Willst du einen Cocktail mit mir trinken?

Das Mädchen antwortet, je nach ihrer wahren Anfälligkeit für diese Droge, mit Ja oder Nein. Wolfgang fährt fort:

WOLFGANG: Möchtest du eine Zigarette rauchen?

Das Mädchen antwortet, je nach ihrer wahren Anfälligkeit für diese Droge, mit Ja oder Nein. Wolfgang fährt fort:

WOLFGANG: Möchtest du eine Tüte mit mir rauchen?

Das Mädchen antwortet, je nach ihrer wahren Anfälligkeit für diese Droge, mit Ja oder Nein. Wolfgang fährt fort:

WOLFGANG: Möchtest du Kokain mit mir schnupfen? Probieren schadet nichts.

Das Mädchen antwortet, je nach ihrer wahren Anfälligkeit für diese Droge, mit Ja oder Nein. Wolfgang fährt fort:

WOLFGANG: Möchtest du eine Speed Pille mit mir nehmen? Damit kannst du die ganze Nacht durchtanzen.

Das Mädchen antwortet, je nach ihrer wahren Anfälligkeit für diese Droge, mit Ja oder Nein.

2.2 Zweite Schlüsselszene: Seelenschlingen.

Die junge Frau betritt die Bühne. Kurz danach betritt Wolfgang die Bühne.

JUNGE FRAU *(arglos)*: Guten Tag, Wolfgang.

WOLFGANG: Guten Tag, schöne junge Frau. Du bist ein wunderbarer Mensch. Ich möchte dich kennenlernen.

JUNGE FRAU: Oh, das ist sehr nett. Meine Mutter schimpft mich nur und meine Großmutter will mich immer vor Gefahren behüten. Aber ich sehe keine Gefahren.

WOLFGANG: Ich sehe auch keine Gefahren. Und außerdem bist du ein wunderschönes Mädchen.

JUNGE FRAU: Findest du?

WOLFGANG: Hat dir das noch keiner gesagt?

JUNGE FRAU: Nein, du bist der Erste.

WOLFGANG: Du kannst mir ruhig glauben. Du bist wunderschön. Und wie du dich bewegst.

JUNGE FRAU: Wie bewege ich mich denn?

WOLFGANG: Harmonisch. Ich fühle mich schon entspannt, wenn ich dir nur zuschaue, wie du gehst.

JUNGE FRAU: Du bist ja ein sehr netter Mann, Wolfgang.

WOLFGANG. Jeder Mensch hat ein Seelengeheimnis.

JUNGE FRAU: Was ist ein Seelengeheimnis?

WOLFGANG: Das ist der tiefste Wunsch, den man hat. Zum Beispiel: Möchtest du eine bekannte Sängerin werden oder Tänzerin oder Schauspielerin oder Schriftstellerin oder ein Model oder Malerin?

Die junge Frau offenbart jetzt ihren geheimen Wunsch.

WOLFGANG: Oh, das trifft sich gut. Zufällig bin ich Gesangslehrer (Tanzlehrer, Schauspiellehrer, Schriftstellerlehrer, Fotograf, Mallehrer).

JUNGE FRAU: Das ist ja ein wunderbarer Zufall.

WOLFGANG: Ja, komm nur gleich mit. Dort hinten habe ich mein Atelier.

JUNGE FRAU: Oh, habe ich ein Glück.

2.3 Dritte Schlüsselszene: Versöhnung mit der Seele.

Bühnenaufbau: Ein Stuhl steht in der Bühnenmitte. Darauf setzt sich Wolfgang. Er hat einen großen schwarzen Umhang. Zu seiner Rechten kniet die junge Frau, zu seiner Linken kniet die reife Frau. Er hält den Umhang über beide, so dass der Eindruck entsteht, dass sie in seinem Bauch sind, er sie also beide verschlungen hat.
JUNGE FRAU *(zur reifen Frau)*: Wer bist du?
REIFE FRAU: Ich bin deine Seele.
JUNGE FRAU: Warum hast du mich nicht beschützt?
REIFE FRAU: Ich war zu schwach.
JUNGE FRAU: Wieso kann eine Seele schwach sein?
REIFE FRAU: Weil niemand an mich glaubte.
JUNGE FRAU: Willst du sagen, ich habe nicht an meine Seele geglaubt?
REIFE FRAU: Ja.
JUNGE FRAU: Was ist Seele?
REIFE FRAU: Deine innere Stimme, dein Gewissen.
JUNGE FRAU: Was soll ich tun?
REIFE FRAU: Höre auf deine Seele.
JUNGE FRAU: Und wenn dann das Leben schwieriger dadurch wird?
REIFE FRAU: Höre auf deine Seele.
JUNGE FRAU: Aber wenn es sogar schmerzhaft wird?
REIFE FRAU: Höre auf deine Seele.
JUNGE FRAU: Ich will hier raus.
REIFE FRAU: Gut, ich helfe dir.
JUNGE FRAU: Wie?
REIFE FRAU: Ich versorge dich mit Kraft.
JUNGE FRAU: Wir brechen hier aus.
REIFE FRAU: Gut, das machen wir.
Sie erheben sich beide, nehmen sich an der Hand und tanzen. Wolfgang bleibt erschöpft auf dem Stuhl sitzen.

3. Rumpelstilzchen.

Als ein Müller behauptet, dass seine schöne Tochter Stroh zu Gold spinnen könne, hört dies der König und will die Tochter prüfen. Er lässt sie auf sein Schloss kommen und stellt ihr die Aufgabe, über Nacht eine Kammer voll Stroh zu Gold zu spinnen, ansonsten müsse sie sterben. Verzweifelt weint die Müllerstochter, da kommt ein kleines Männchen und bietet ihr seine Hilfe an. Für ihr Halsband spinnt es das Stroh zu Gold. Der König will noch mehr Gold und in der zweiten Nacht gibt die Müllerstochter dem Männchen ihren Ring. Am dritten Tag verspricht der König der Müllerstochter, dass sie seine Frau werden solle, falls sie noch einmal eine Kammer voll Stroh zu Gold spinnen kann. Diesmal verlangt das Männchen von der Müllerstochter ihr erstes Kind, wenn sie Königin ist. Nach der Hochzeit und der Geburt des ersten Kindes fordert das Männchen den versprochenen Lohn. Die Königin bietet ihm all ihre Reichtümer an, aber das Männchen verlangt ihr Kind. Durch ihre Tränen erweicht, gibt es ihr jedoch drei Tage Zeit, seinen Namen zu erraten. Dann soll sie das Kind behalten dürfen. In der ersten Nacht nennt sie erfolglos alle Namen, die sie kennt. In der zweiten Nacht versucht sie es mit Namen, die sie von ihren Untertanen erfragt hat, wieder ohne Erfolg. Am Tag darauf erfährt sie von einem Boten, dass er ein Männchen gesehen habe, das in einem kleinen Haus wohnt und nachts um ein Feuer tanzt und singt: "Heute back ich, morgen brau ich, übermorgen hol ich der Königin ihr Kind; ach, wie gut, dass niemand weiß, dass ich Rumpelstilzchen heiß!" Als das Männchen kommt, fragt die Königin zunächst, ob es Kunz heiße oder Heinz. Erst dann nennt sie den richtigen Namen und Rumpelstilzchen reißt sich vor Wut selbst mitten entzwei. Die glückliche Königin aber kann ihr Kind behalten.

3.0 Deutung.

In dem Märchen Rumpelstilzchen finden wir folgende Situation vor: Eine Tochter hat keine fürsorgliche und warmherzige Mutter, sondern sie ist einem offensichtlich alleinerziehenden Vater ausgeliefert. Dieser erfindet vielleicht aus Schmerz darüber, dass er keinen Sohn hat, eine Menge Fähigkeiten, die er seiner Tochter zudichtet. Als dies der Mann erfährt, dem der Vater die Tochter über die Maßen anpreist, will der Beweise sehen und setzt die Tochter unter unglaublichen Druck.
Häufig haben Väter völlig überzogene Forderungen an ihre Töchter. Sie lassen sie nicht sich in Ruhe entwickeln, sondern sie fordern Unmögliches. Aus Liebe zum Vater verdreht sich die Tochter immer mehr, wird sich selbst immer fremder und landet nicht selten in Erschöpfung, Einsamkeit und völliger Überforderung. Aus dem ursprünglichen Wunsch, es dem Vater recht zu machen, ist eine Verleugnung der eigenen Talente geworden.
Die Mutter, deren Aufgabe es ist, das Wachstum der Tochter zu fördern, ist zu schwach oder gar nicht anwesend.
Im Märchen kommt ein Naturgeist zu Hilfe. Dieser Geist hat übernatürliche Kräfte, aber er fordert viel: Das innere Kind. Wenn die Frau auf ihre Mutterschaft verzichtet und sich über die Maßen anstrengt, so kann der Plan vielleicht gelingen. Im Märchen entscheidet sich die Müllerstochter, alles zu tun, um ihr Kind zu behalten. Sie will Mutter werden und sie leistet Übermenschliches, indem sie den Geist beim Namen nennt, indem sie die Wahrheit formuliert. Die Wahrheit sagen ist der Schlüssel, um aus einem verzwickten Lebensplan herauszutreten. In dem Moment, in dem sie den Geist beim Namen nennt, bricht der entzwei und ist machtlos. Die Wahrheit beim Namen nennen als Schlüssel zur inneren Freiheit. So wird aus einer überforderten Frau eine Königin.

3.1 Erste Schlüsselszene: Die Überforderung.

Bühnenaufbau: Ein Stuhl. Darauf sitzt die junge Frau. Zu ihrer Rechten tritt der Vater heran. Zu ihrer Linken tritt der Mann heran, der um ihre Hand anhält.

VATER: Sie haben eine großartige Wahl getroffen.

MANN: Ich weiß es. Ich bin ein mächtiger Mann und fordere alles.

VATER: Kein Problem. Meine Tochter kocht wie eine Göttin. Sie tanzt wie eine Solotänzerin im Ballett. Hat einen unglaublichen Ordnungssinn. Verdient noch nebenher ein gutes Einkommen als Consulting Beraterin. Engagiert sich politisch. Hat eine soziale Ader. Ist in unzähligen Vereinen aktiv. Nebenbei singt sie noch.

MANN: Und?

VATER: Und was noch?

MANN: Na ja, Sie wissen schon...

VATER: Ach so, das meinen Sie! Sie hat eine unglaublich erotische Ausstrahlung.

TOCHTER *(ruft entsetzt)*: Vater!

VATER: Sie elektrisiert prinzipiell alle Männer, die in ihre Nähe geraten.

MANN: Also gut, ich nehme sie.

VATER: Sie werden es nicht bereuen.

MANN: Das will ich hoffen. Denn wenn ich es bereuen sollte, bereuen Sie es auch. Und Ihre Tochter!

TOCHTER: Vater, ich will nicht.

VATER: Mach mir keine Schande. Streng dich an!

MANN *(zur Tochter)*: Ja, streng dich an!

Der Mann hilft der Tochter vom Stuhl und zieht sie zu sich. Die Tochter blickt zum Vater und ruft:

TOCHTER: Vater!

Der Vater winkt der Tochter.

VATER: Du schaffst das schon.

3.2 Zweite Schlüsselszene: Der Pakt.

Vom Publikum aus betrachtet links steht die junge Frau, von rechts kommt in vornehmer Kleidung die erfolgreiche Geschäftsfrau. Das Gespräch zwischen den beiden ist kühl.

JUNGE FRAU: Ich kann nicht mehr weiter. Ich schaffe das alles nicht mehr. Der Druck auf mich ist so groß, ich zerbreche. Ich beginne mich schon für Drogen zu interessieren.

GESCHÄFTSFRAU: Ich kann dir helfen.

JUNGE FRAU: Wie?

GESCHÄFTSFRAU: Ich weihe dich ein in alle Künste dieser Welt.

JUNGE FRAU: Und was muss ich dafür tun?

GESCHÄFTSFRAU: Du gibst mir dein Kind.

JUNGE FRAU: Was heißt das?

GESCHÄFTSFRAU: Du verbirgst alles Kindliche in dir. Alles Zarte, Mädchenhafte, Versonnene, Verträumte und Naive opferst du einem kalten, berechnenden, erfolgreichen Lebensplan.

JUNGE FRAU: Nein, das tue ich nicht. Ich will mir die kindliche Seite bewahren.

GESCHÄFTSFRAU: Auf Wiedersehen.

JUNGE FRAU: Halt! Ich habe es mir überlegt.

GESCHÄFTSFRAU: Warum nicht gleich so?

JUNGE FRAU: Mach mich zu einer Meisterin. Ich will alle Fähigkeiten beherrschen, die heute modern sind. Dafür verzichte ich auf die Mutterschaft.

GESCHÄFTSFRAU: Heißt das in klaren und deutlichen Worten, ich kann dein Kind haben?

JUNGE FRAU: Ja!

GESCHÄFTSFRAU: Dann geschehe es nach deinem Willen. Ich mache dich zu einer großen, berühmten Frau.

JUNGE FRAU: Oh ja!

3.3 Dritte Schlüsselszene: Die Königin.

Vom Publikum aus gesehen links betritt die reife Frau die Bühne. Von rechts kommt wieder die Geschäftsfrau.
GESCHÄFTSFRAU: Sei gegrüßt, Meisterin.
REIFE FRAU: Was willst du?
GESCHÄFTSFRAU: Ich habe meinen Teil erfüllt: Du bist Meisterin in vielen Aspekten des modernen Lebens. Geachtet, bewundert und anerkannt. Mein Teil des Versprechens ist erfüllt. Nun erfülle deinen Teil, gib mir dein Kind.
REIFE FRAU: Gib mir bitte Bedenkzeit, denn es schmerzt mich so sehr. Mein Kind herzugeben, ist viel schmerzhafter, als ich dachte.
GESCHÄFTSFRAU: Du hast es versprochen.
REIFE FRAU: Das stimmt. Aber gib mir noch eine kleine Weile, dann will ich mein Versprechen halten.
GESCHÄFTSFRAU: So sei es. Ich werde zurückkommen, und dann gibt es keinen Aufschub mehr.
Die Geschäftsfrau geht ab und tritt sogleich wieder auf.
REIFE FRAU: Du hast mich eingeweiht in alle Künste des modernen Lebens, dafür danke ich dir. Aber die höchste Kunst hast du mir versteckt gehalten.
GESCHÄFTSFRAU: Wovon sprichst du? Was genau habe ich dir versteckt gehalten?
REIFE FRAU: Die höchste aller Künste ist die, die Welt mit dem einfachen Blick eines Kindes zu sehen. Doch diese Kunst habe ich mir selbst beigebracht. Ich kann die Welt jetzt sehen mit dem einfachen Blick eines Kindes. Geh, denn du hast keine Macht mehr über mich.
GESCHÄFTSFRAU: So muss ich gehen. Denn du bist jetzt stärker als ich. Der staunende Blick eines Kindes ist die stärkste Macht auf Erden. Der staunende Blick eines Kindes wird die Welt erlösen.
Die Geschäftsfrau geht ab.

4. Der Froschkönig.

Die jüngste und schönste Tochter des Königs erhält von ihrem Vater als Geschenk eine goldene Kugel. Als sie damit im Schlossgarten spielt, fällt ihr die Kugel in den Brunnen. Die Prinzessin weint bitterlich, da taucht ein Frosch auf und bietet an, die Kugel zurückzuholen. Dafür muss sie ihm versprechen, seine Spielkameradin zu werden. Er will von ihrem Tellerlein essen, aus ihrem Becherlein trinken und in ihrem Bettlein schlafen. Die Prinzessin gibt das Versprechen, denkt aber nicht daran, es zu halten. Als der Frosch ihr die Kugel zurückgebracht hat, nimmt sie die Kugel und läuft davon.

Der Frosch folgt der Prinzessin.

Als Prinzessin und König abends zu Tische sitzen, klopft es an der Schlosstür. Widerwillig öffnet die Prinzessin auf Drängen ihres Vaters die Tür und sieht dort den Frosch sitzen. Sie schließt die Tür wieder und verleugnet seine Anwesenheit, doch der Frosch gibt nicht auf und klopft so lange, bis die Prinzessin ihrem Vater von den Geschehnissen des Tages berichten muss. Als sie dem König von ihrem Versprechen erzählt, das der Frosch nun einfordern will, bittet die Prinzessin ihren Vater um Hilfe. Dieser aber besteht darauf, dass die Prinzessin ihr gegebenes Versprechen halten muss. So isst der Frosch von ihrem Teller und trinkt aus ihrem Becher.

Als der Frosch jedoch im Schlafgemach der Prinzessin angelangt in ihr seidenes Bett springen will, wird ihre Abscheu so groß, dass sie ihn packt und an die Wand wirft. In diesem Moment verwandelt sich der Frosch in einen Prinzen. Dieser hält beim König um die Hand seiner Tochter an und mit des Königs Einverständnis führt er die Königstochter als seine Gemahlin in sein Königreich.

4.0 Deutung.

Im Froschkönig finden wir folgende Situation vor: Die Königstochter hat keine Mutter oder eine schwache Mutter, die nicht erwähnenswert scheint. Die Tochter ist Vaters Lieblingstochter. Er hat also ein besonderes Auge auf sie. Das Mädchen entwickelt eine höchst narzisstische Charakterstruktur. Alles dreht sich um sie und sie genießt es, im Mittelpunkt zu stehen.

Der Frosch, der im Brunnen lebt, ist ein junger Mann, der sich von seiner Mutter noch nicht lösen konnte. Er ist im Brunnen, also im Machtbereich seiner Mutter gefangen. Die beiden treffen aufeinander. Eine heute sehr verbreitete Situation: Narzisstisches Mädchen trifft auf Muttersöhnchen. Das kann nicht gut gehen. Und es geht auch nicht gut. Es kommt zu ekelerregenden Szenen und das Leid der Tochter ist grenzenlos. Der Frosch, also das Muttersöhnchen, zeigt umso mehr sein wahres Gesicht, je deutlicher wird, dass die junge Frau von ihm abhängig ist. Sei es durch Heirat, Schwangerschaft oder ein voreilig gegebenes Versprechen - sie hängen aneinander. Die Alternative kann nur heißen: Trennung oder Transformation.

Das Märchen, deutlich um eine Lösung bemüht, schlägt natürlich die Transformation vor. Am Ende müssen sich beide verwandelt haben. Aus dem ehemals narzisstischen Mädchen wird nun eine selbstbewusste Frau und aus dem ehemaligen Muttersöhnchen wird ein verantwortungsbewusster Mann.

Wie geschieht das? Das Mädchen entwickelt männliche Strukturen. Sie wirft den Frosch an die Wand. Das Muttersöhnchen entwickelt weibliche Strukturen und lässt sich an die Wand werfen. In diesem Moment, wo beide sich in das andere Geschlecht verwandeln beziehungsweise einfühlen können, also Verständnis füreinander entwickeln, ist die Transformation der Beziehung geglückt.

4.1 Erste Schlüsselszene: Das Versprechen.

Bühnenaufbau: Zwei Stühle stehen dicht nebeneinander. Die junge Frau tritt auf. Vom Publikum aus gesehen links wählt sie ihren Platz auf dem Stuhl. Sie seufzt.

JUNGE FRAU: Ach, wäre es schön, sich zu verlieben.

Der junge Mann tritt vom Publikum aus gesehen von rechts auf.

JUNGER MANN: Ist der Platz neben Ihnen noch frei?

JUNGE FRAU: Bitte nehmen Sie Platz.

JUNGER MANN: Sie sind ein bezauberndes Wesen. Sie berühren mein Herz.

JUNGE FRAU: Mein Vater hat mir seinen funkelnden goldenen Verstand überreicht und ich habe ihn verloren.

JUNGER MANN: Ich bringe Ihnen alles zurück, was Sie von Ihrem Vater bekommen haben.

JUNGE FRAU: Oh!

JUNGER MANN: All seine Großzügigkeit, seine Verantwortlichkeit, seinen Reichtum. Alles das, was Sie verloren haben, bringe ich Ihnen wieder zurück.

JUNGE FRAU: Ist das Ihr Ernst?

JUNGER MANN: Ja, es ist mein voller Ernst.

JUNGE FRAU: Und was wollen Sie dafür?

JUNGER MANN: Alles!

JUNGE FRAU: Puh, das ist viel.

JUNGER MANN: Nein, ich will nicht viel, ich will alles!

JUNGE FRAU: Ich brauche Bedenkzeit.

JUNGER MANN: Was gibt es da zu bedenken? Ich bringe Ihnen totale Geborgenheit.

JUNGE FRAU: Also gut, ich bin einverstanden.

JUNGER MANN: Ich brauche ein Versprechen.

JUNGE FRAU: Vertrauen Sie mir nicht?

JUNGER MANN: Darum geht es nicht. Ich beharre auf einem Versprechen.

JUNGE FRAU: Also gut, ich verspreche es.

4.2 Zweite Schlüsselszene: Tochter und Vater.

Der Vater tritt vom Publikum aus gesehen von links auf, die Tochter tritt vom Publikum aus gesehen von rechts auf ihn zu.

TOCHTER: Vater, Vater, du musst mir helfen!

VATER: Dazu bin ich da, um dir zu helfen. Wobei brauchst du Hilfe?

TOCHTER: Da ist ein ganz ekliger Mann, der verfolgt mich. Er will alles von mir.

VATER: Es liegt im Wesen des Mannes, dass er von einer Frau alles will.

TOCHTER: Vater, beschütze mich.

VATER: Kannst du nicht alleine deine Grenze ziehen?

TOCHTER: Eine freundschaftliche Beziehung könnte ich mir vorstellen. Aber nicht alles.

VATER: Warum fordert er alles?

TOCHTER: Ich habe es ihm versprochen.

VATER: Du hast es also versprochen?

TOCHTER: Ja, aber ich habe beim Versprechen gedacht, dass ich es nicht halten will.

VATER: Das Versprechen musst du halten.

TOCHTER: Vater, das ist nicht dein Ernst. Man muss doch nicht jedes Versprechen halten.

VATER: Dieses Versprechen musst du halten.

TOCHTER: Vater, das kannst du mir nicht antun.

VATER: Wenn dein Schicksal an die Tür klopft, geh hin und öffne die Tür. Nimm dein Schicksal tapfer an.

TOCHTER: So lässt du mich also im Stich.

VATER: Nein, ich ließe dich im Stich, wenn ich dir durchgehen ließe, dass du dein Schicksal nicht annimmst. Geh und löse dein Versprechen ein.

4.3 Dritte Schlüsselszene: Die erlösende Tat.

Mann und Frau treten auf und stellen sich gegenüber. Vom Publikum aus betrachtet der Mann auf der rechten Seite, die Frau auf der linken Seite.

FRAU: Der Bogen ist jetzt überspannt. Ich habe dein Spiel nun lange genug mitgespielt.

MANN: Welches Spiel?

FRAU: Dein Spiel, dass du Frauen quälen musst. Nur weil du von einer Frau gequält worden bist, willst du dich an allen Frauen, die du kennenlernst, rächen.

MANN: Welche Frau hat mich gequält?

FRAU: Deine Mutter. Wie oft hast du darüber gesprochen. Aber so wirst du die Schmerzen nicht los.

MANN: Wie quäle ich Frauen?

FRAU: Du quälst mich dadurch, dass du dich benimmst wie ein ekliger Frosch.

MANN: Ich kann nicht anders.

Die Frau packt den Mann am Kragen.

FRAU: Doch, du kannst anders, wandle dich. Auch ich musste mich wandeln - von einem hilflosen Mädchen bin ich nun eine Frau geworden, die sich zu wehren weiß. Ich habe meine männliche Seite aktiviert und diese Seite bekommst du jetzt zu spüren.

MANN: Mir bleibt keine andere Wahl. Ich will es geschehen lassen. Ich kann nicht mehr anders, als mich wandeln. Ich will unsere Beziehung retten. Es möge geschehen.

Die Frau gibt dem Mann einen leichten Stoß. Er geht einen Schritt zurück, doch sogleich tritt er wieder auf sie zu.

MANN: Ich bin zurückgekommen.

FRAU: Ich heiße dich willkommen.

Sie nehmen sich bei den Händen, schauen sich tief in die Augen und verneigen sich voreinander.

5. Schneewittchen.

Eine Königin sitzt an ihrem Fenster und näht. Sie sticht sich mit der Nadel in den Finger und als sie drei Blutstropfen in den Schnee fallen sieht, wünscht sie sich ein Kind: So weiß wie Schnee, so rot wie Blut und so schwarz wie das Ebenholz an ihrem Fensterrahmen. Kurz darauf bekommt sie die Tochter, die sie sich gewünscht hat, und nennt sie Schneewittchen. Doch schon bald stirbt die Königin, und der König nimmt sich eine neue Gemahlin. Die neue Königin ist sehr schön, aber eitel. Ihr Spiegel versichert ihr immer wieder, dass sie die Schönste ist. Doch als Schneewittchen sieben Jahre alt ist, übertrifft sie die eifersüchtige Königin an Schönheit. Diese beauftragt einen Jäger, ihre Stieftochter im Wald umzubringen und ihr zum Beweis deren Lunge und Leber zu bringen. Der Jäger aber lässt das flehende Mädchen laufen und bringt der Königin Lunge und Leber eines Frischlings.

Schneewittchen flieht in den Wald und kommt in das Haus der sieben Zwerge. Als die Zwerge nach Hause kommen, finden sie das schöne Schneewittchen schlafend. Sie darf bleiben, soll aber niemandem die Tür öffnen.

Die Königin erfährt, dass Schneewittchen bei den Zwergen lebt, und beschließt, Schneewittchen zu töten. Sie verkleidet sich als Händlerin und überredet Schneewittchen zuerst zu einem engen Schnürriemen, dann zu einem vergifteten Kamm und zuletzt zu einem vergifteten Apfelbissen. Anfangs können die Zwerge Schneewittchen retten. Doch den vergifteten Apfel, der ihr im Halse steckt, finden sie nicht. Sie legen Schneewittchen in einen Glassarg, in dem sie ein vorüberziehender Prinz entdeckt. Er will sie unbedingt mitnehmen. Beim Tragen des Sarges stolpert ein Knecht und Schneewittchen springt das Apfelstück aus dem Mund. Sie erwacht, und der Prinz und Schneewittchen halten Hochzeit.

5.0 Deutung.

Im Märchen Schneewittchen finden wir folgende Situation vor: Die Stiefmutter, eine ehemals blühende Schönheit, beginnt zu verblühen, und ihre Stieftochter Schneewittchen wird von Tag zu Tag schöner. Eines Tages ist der Moment gekommen, in dem die Tochter schöner ist als die Mutter. Immer mehr begehrliche Blicke zieht die Tochter auf sich und immer weniger männliche Anerkennung bleibt für die Mutter. Anstatt sich den ewigen Naturgesetzen von Werden und Vergehen zu unterwerfen, beschließt die Mutter zu kämpfen. All ihr Sinnen und Trachten beruht darauf, die ungeliebte Tochter auszuschalten.

Erstens: Leber und Lunge. Leber ist das Organ, mit dem der menschliche Körper in der Lage ist, Gift zu sammeln und auszuscheiden. Die Lunge ist das Atmungsorgan. Die Tochter kann also das Gift, das ihr die Mutter injiziert, nicht mehr verarbeiten, und die Atmung, das Kommunikationsorgan, soll ebenfalls zerstört werden. Der Plan misslingt und die Mutter entwickelt neue Pläne.

Zweitens: Der Gürtel. Wieder geht es um das Kommunikationsorgan. Das Atemvolumen der Tochter soll beschränkt werden. So kann die Tochter niemals mehr tief durchatmen, sondern kann nur noch flach atmen.

Drittens: Der vergiftete Kamm. Haare sind ein Symbol für Gedanken. Ein Kamm ordnet die Haare und im übertragenen Sinne die Gedanken. Wenn der Kamm vergiftet ist, werden die Gedanken wirr.

Viertens: Der vergiftete Apfel. Der vergiftete Apfel bleibt im Halse stecken. Wir kennen die Redewendung: Das Wort bleibt dir im Halse stecken. Die Tochter wird also der Fähigkeit beraubt, sich auszudrücken.

Die Hoffnung erscheint über einen jungen Mann, der über all die Schwächen hinwegsieht, weil er die Reinheit der Seele erkennt. So kann er Schneewittchen erlösen.

5.1 Erste Schlüsselszene: Wer ist die Schönste?

Vom Publikum aus gesehen links tritt auf die Tochter. Von rechts hinzu tritt die Mutter.

TOCHTER: Guten Morgen, Mutter.

MUTTER: Was soll an diesem Morgen gut sein?

TOCHTER: Mutter, was hast du?

MUTTER: Ich muss mit dir reden.

TOCHTER: Ich bin ganz Ohr.

MUTTER: Ich bin entsetzt über dich.

TOCHTER: Wieso?

MUTTER: Wie du dich anziehst! Wie du dich herrichtest! Wie du dich schminkst! Alles billig und anbiedernd.

TOCHTER: Mutter, was ist los?

MUTTER: Und wie du redest! Wie du dich erregend bewegst. Wie du bei jeder Gelegenheit deinen schlanken Körper aufreizend präsentierst.

TOCHTER: Mutter!

MUTTER: Und deine Röcke können nicht kurz genug sein und deine Stiefel nicht hoch genug. Und deine Stimme mit dem samtig erotischen Beigeschmack geht mir auf die Nerven. Sprich lieber mit hoher Stimme, verberge deine Gefühle, sprich niemals über deine Gefühle.

TOCHTER: Aber wenn ich mich so verhalte, wie du forderst, werde ich nie einen Mann finden.

MUTTER: Wozu brauchst du einen Mann? Und wenn doch einer kommt, lass mich die Situation meistern. Ich bin eine erfahrene Frau.

TOCHTER: Und ich?

MUTTER: Du bist vollständig unerfahren und weißt du was? Du sollst es auch bleiben.

TOCHTER: Und wenn ich mich nicht so verhalte, wie du forderst?

MUTTER: Dann bist du für mich gestorben.

5.2 Zweite Schlüsselszene: Die junge Frau und Herr Zwerg.

Die junge Frau tritt vom Publikum aus gesehen von links auf. Herr Zwerg tritt vom Publikum aus gesehen von rechts auf. Die Szene kann im Sitzen oder Stehen gespielt werden.

HERR ZWERG: Sie haben auf unsere Annonce in der Tageszeitung geantwortet. In der Annonce hieß es: Wohngemeinschaft sucht Mitbewohner oder Mitbewohnerin.

JUNGE FRAU: So ist es.

HERR ZWERG: Welche Fähigkeiten bringen Sie mit?

JUNGE FRAU: Ich sehe gut aus. Reicht das nicht?

HERR ZWERG: Nein, das reicht nicht.

JUNGE FRAU: Ich dachte, das reicht.

HERR ZWERG: Sie sind also eitel?

JUNGE FRAU: Hm, eher ja als nein.

HERR ZWERG: Können Sie kochen? Putzen? Nähen? Wäsche waschen? Bügeln? Geschirr spülen? Eine Wohnung sauber halten?

JUNGE FRAU: Was Sie da fordern ist viel. Aber ich will ehrlich sein: Ich brauche dringend eine Wohnung. Sonst bin ich auf der Straße und verloren. Ich will alles, was Sie fordern, lernen.

HERR ZWERG: Ich glaube Ihnen. Und wir wollen es versuchen. Ich gebe aber zu bedenken, dass Ihre Eitelkeit auf Ihrem weiteren Lebensweg ein großes Problem darstellen wird. Achten Sie darauf und lassen Sie niemanden an sich heran, der Ihre Schönheit unterstützen will.

JUNGE FRAU: Wie meinen Sie das?

HERR ZWERG: Heutzutage sind viele Kräfte unterwegs, die den Frauen vorgaukeln, mit Schönheit kämen sie leichter an ihr Ziel. Und sie versprechen ihnen alles mögliche, um diese Schönheit zu erlangen. Hüten Sie sich vor diesen Kräften.

5.3 Dritte Schlüsselszene: Das Stolpern.

Bühnenaufbau: Ein Stuhl steht in der Bühnenmitte. Die junge Frau tritt auf, setzt sich auf den Stuhl und gerät in einen todesähnlichen Zustand. Vom Publikum aus betrachtet von links tritt auf Herr Zwerg. Traurig spricht er:
HERR ZWERG: Du konntest der Versuchung nicht widerstehen. Deine Gier nach Schönheit war unersättlich. Nun hast du mit deinem Leben bezahlen müssen. Bist leblos, starr, eine Puppe geworden, die nur noch funktioniert, die keinen eigenen Lebensfunken hat, die nichts riskiert. Gefangen in den Formen. Schön und unnahbar.
Von rechts tritt auf Herr Prinz.
HERR PRINZ *(zu Herrn Zwerg)*: Sie ist schön.
HERR ZWERG: Ja, sie ist schön. Sie verfügt über alle Attribute, die eine schöne Frau braucht.
HERR PRINZ: Das meine ich nicht.
HERR ZWERG: Was meinen Sie denn?
HERR PRINZ: Ich spreche von der Reinheit ihrer Seele.
HERR ZWERG: Woher wissen Sie um sie?
HERR PRINZ: Ich kann sie spüren.
HERR ZWERG: Wenn sie nur sprechen könnte. Wenn sie sich nur befreien könnte von den engen Fesseln ihres gängigen Schönheitsideals.
HERR PRINZ: Stimmt. Sie müsste auf ihrem Lebensweg einmal stolpern, aus dem Tritt kommen. Und das, was sie am Sprechen hindert, würde dann aus ihrem Mund fallen und sie wäre frei.
HERR ZWERG: Versuchen wir's!
Sie nehmen die junge Frau beide unter ihren Armen und stellen sie auf. Die junge Frau macht einen Schritt und stolpert. Sie greift sich an den Hals und spricht:
JUNGE FRAU: Ich kann reden. Ich kann aussprechen, was mich bewegt. Ich kann aussprechen, wer ich bin. Ich kann aussprechen, wohin ich will.

6. König Drosselbart.

Eine schöne, stolze Königstochter verspottet alle Freier, die ihr Vater einlädt. Zu einem Königssohn, dessen Kinn hervorsteht, sagt sie: "Ei, der hat ein Kinn, wie die Drossel einen Schnabel." Er wird fortan Drosselbart genannt. Der König ist erzürnt und schwört, dass seine Tochter mit dem nächsten Mann, der ans Schloss käme, verheiratet werden solle. Als wenige Tage später ein Spielmann erscheint und den König um ein Almosen bittet, erhält er die Königstochter zur Frau. Die Königstochter macht sich mit dem Bettelmann auf den Weg in ihr neues Heim. Sie kommen durch einen großen Wald, an einer schönen Wiese und einer großen Stadt vorbei und die Königstochter erfährt, dass all dies dem König Drosselbart gehört. Schließlich erreichen sie die Hütte des Spielmannes und die Königstochter muss den Haushalt übernehmen. Doch beim Körbeflechten zerschneiden die Weiden ihre Finger und auch das Spinnen misslingt. So soll sie Töpferwaren auf dem Markt verkaufen. Die Leute kaufen gerne von dem schönen Mädchen, doch einmal reitet ein betrunkener Husar durch ihren Stand und zerstört die Waren. Zornig schickt ihr Mann sie nun ins Schloss des Königs, wo sie als Küchenmagd arbeitet. In zwei Tontöpfen, die sie unter ihre Schürze näht, bringt sie Essensreste nach Hause.
Eines Tages soll die Hochzeit des ältesten Königssohnes gefeiert werden. Der Königssohn will mit ihr tanzen und sie erkennt erschrocken in ihm König Drosselbart. Als er sie auf die Tanzfläche zerrt, fällt ihr Tonkrug auf den Boden und die Suppe läuft unter ihrem Rock hervor. Da bereut die Prinzessin ihren Hochmut, der sie in diese Lage gebracht hat. Nun gibt sich König Drosselbart zu erkennen und sagt ihr, dass er sich als Spielmann und auch als Husar verkleidet hatte, um ihren Hochmut zu strafen. So feiert die geläuterte Prinzessin mit dem König Drosselbart Hochzeit.

6.0 Deutung.

Die Deutung des Märchens Drosselbart liegt auf der Hand. Sehr ausführlich wird die Hochnäsigkeit einer jungen Frau beschrieben. Sie hat kein Verständnis für die Schwächen der anderen. Im Gegenteil: Spott ist ihre Antwort auf die offensichtlichen Schwächen der Männer, die um sie werben. Niemand ist ihr recht genug. Alle gibt sie der Lächerlichkeit preis. Sie ist ätzend verletzend. Ein Grund dafür mag darin liegen, dass sie keine Mutter hat. Ihr fehlt milde und verständnisvolle Weiblichkeit. Dem geduldigen Vater wird es irgendwann zu viel und er wartet, bis das Schicksal der jungen Frau einen Mann als Freier zuordnet, der in der Lage ist, sie an sich zu binden.
Jetzt, wo die Falle zugeschnappt ist, beginnt das Schicksal seinen Lauf. Im folgenden Verlauf des Märchens wird gezeigt, wie die hochnäsige junge Frau durch ihr Lebensschicksal langsam, aber sicher zur Demut erzogen wird. Lange erträgt die junge Frau ihre Schmach, nicht als die erkannt zu werden, die sie ist. Sie gibt ihr Bestes, um Demut zu erlernen. Aber die Schule, in die sie gehen muss, ist hart und unerbittlich. Am Ende geschieht ihr sogar das, was für eine junge Frau unendlich peinlich ist: "Ihr fließt die Suppe unterm Rock hervor." Das Zeichen ihrer Weiblichkeit erlebt die junge Frau als Demütigung. Doch in dem Moment, in dem sie ihre peinliche Situation annimmt, wird sie erlöst und es zeigt sich, dass alles, was sie erleben musste, dass alles, was sie erdulden musste, ein einziges großes Spiel war mit dem Ziel, sie vom Hochmut zu befreien, zu reinigen, um ihr den wahren Weg zur inneren Seelengröße zu ebnen. Der Königsweg, der zur Seele führt, ist die Demut.

6.1 Erste Schlüsselszene: Die Freier werden abgefertigt.

Bühnenaufbau: Zwei Stühle stehen sich gegenüber. Vom Publikum aus gesehen links tritt auf die junge Frau. Von rechts tritt stolpernd der erste Freier auf und setzt sich.

JUNGE FRAU: Ach, du schon wieder. Was willst du?

ERSTER FREIER: Ich will um deine Hand anhalten.

JUNGE FRAU: Du hast einen merkwürdigen Gang. Wenn du gehst, sieht es aus, als ob du stolperst.

ERSTER FREIER: Wenn ich an mir arbeite, habe ich dann eine Chance?

JUNGE FRAU: Keine Chance.

Der Freier steht auf, geht einmal um den Stuhl und setzt sich als zweiter Freier. Oder aber ein zweiter Spieler tritt auf und setzt sich.

JUNGE FRAU: Ach, du schon wieder. Was willst du?

ZWEITER FREIER *(mit Sprachfehler)*: Ich will um deine Hand anhalten.

JUNGE FRAU: Du hast ja einen Sprachfehler. Deine Sprache ist unbeholfen und undeutlich.

ZWEITER FREIER: Wenn ich an mir arbeite, habe ich dann eine Chance?

JUNGE FRAU: Keine Chance.

Der Freier steht auf, geht einmal um den Stuhl und setzt sich als dritter Freier. Oder aber ein dritter Spieler tritt auf und setzt sich.

JUNGE FRAU: Ach, du schon wieder. Was willst du?

DRITTER FREIER: Ich will um deine Hand anhalten.

JUNGE FRAU: Du bist zu untrainiert. Zu viel Fett, zu wenig Muskeln.

DRITTER FREIER: Wenn ich an mir arbeite, habe ich dann eine Chance?

JUNGE FRAU: Keine Chance.

Der dritte Freier geht enttäuscht ab.

6.2 Zweite Schlüsselszene: Durchhalten.

Vom Publikum aus gesehen links tritt die Frau auf, von rechts der Mann.
FRAU: Mann, ich muss mit dir sprechen.
MANN: Du sprichst dann mit mir, wenn ich dir das Wort erteile. Bis das geschieht, schweigst du still.
Gehorsam schweigt die Frau.
MANN: Nun erteile ich dir das Wort. Was willst du?
FRAU: Ich rackere mich von morgens bis abends für dich ab. Ich arbeite wie ein Pferd. Ich schufte mich fast zu Tode. Und du beachtest mich nicht. Ich ernte kein gutes Wort von dir. Keine Aufmunterung. So halte ich das nicht mehr aus.
MANN: Deine harte Schule ist noch nicht beendet.
FRAU: Aber meine Aufgaben werden immer mehr. Bin ich mit einer Aufgabe fertig, bekomme ich anschließend zwei Aufgaben.
MANN: Das ist das Leben.
FRAU: Seit wann sagst du, was das Leben ist?
MANN: Vergiss nicht, ich bin dein Meister. Und als Meister ist es meine Aufgabe, das Leben ungebremst auf dich zukommen zu lassen.
FRAU: Wenn das, was ich erdulden muss, das Leben ist, dann kann ich nur sagen, das Leben ist ungerecht.
MANN: Wer bist du, über das Leben zu urteilen?
FRAU: Ich will dieses Leben nicht mehr.
MANN: Ich gebe dir einen guten Rat: Gib jetzt nicht auf.
FRAU: Und wenn ich aufgebe?
MANN: Dann war alles umsonst und du versinkst in der vollständigen Bedeutungslosigkeit.
FRAU: Und wenn ich durchhalte?
MANN: Erreichst du das Ziel.
FRAU: Und was ist das Ziel?
MANN: Demut.

6.3 Dritte Schlüsselszene: Erlösung geschieht am tiefsten Punkt.

Vom Publikum aus gesehen links tritt die Frau auf, von rechts der Mann.

MANN: Wie ist dir?

FRAU: Ich bin erschüttert.

MANN: Wodurch bist du erschüttert?

FRAU: Das Peinlichste, das einer Frau geschehen kann, ist mir geschehen. Ich war mitten in einer tanzenden Menschenmenge, als ich plötzlich bemerkte, dass ich feucht wurde zwischen den Beinen.

MANN: Wie kam das?

FRAU: Ich weiß es nicht. War es Erregung, war es Blut? Plötzlich zeigten alle mit dem Finger auf mich. Ich habe mich geschämt wie noch nie zuvor in meinem Leben.

MANN: Warum schämst du dich für deine Weiblichkeit?

FRAU: Ich weiß es nicht. Es gibt Dinge, die sollten nur im Verborgenen geschehen.

MANN: Aber natürliche Dinge muss man nicht verbergen.

FRAU: Ich will es aber verbergen. Es gibt einen intimen Bereich, der niemanden etwas angeht.

MANN: Es gibt aber auch Gesetze des Mondes, denen die Frau unterliegt. Du bist eine Frau und dem ewigen Rhythmus des Mondes unterworfen. Fällt dir etwas auf?

FRAU: Was sollte mir auffallen?

MANN: Wie offen du jetzt über diese Dinge sprichst.

FRAU: Ja, und?

MANN: Du hast es geschafft.

FRAU: Was habe ich geschafft?

MANN: Ich begrüße dich in einer neuen Welt. Ich begrüße dich in der Welt der Wahrheit, der Offenheit, der Weiblichkeit. Sei meine Königin.

Die Frau reicht dem Mann die Hand.

FRAU: Ich will es sein.

7. Hänsel und Gretel.

Ein armer Holzfäller lebt mit seiner Frau und den beiden Kindern Hänsel und Gretel im Wald. Als sie nichts mehr zu essen haben, schickt die Frau den Mann in den Wald, um die beiden Kinder auszusetzen. Doch Hänsel hat die Eltern belauscht und hat kleine weiße Kieselsteine ausgelegt, die ihm und seiner Schwester den Weg zurück nach Hause weisen. Doch als der Vater die Kinder wieder in den Wald bringt, haben sie nur ein Stück Brot dabei, das sie in Krumen brechen und ausstreuen. Das Brot wird jedoch von Vögeln gefressen und Hänsel und Gretel verirren sich im Wald. Am dritten Tag finden die beiden ein Häuschen aus Brot, Kuchen und Zucker. Die hungrigen Kinder essen von dem Haus, da erscheint die Hexe, die darin wohnt, und lockt die beiden herein.
Den Hänsel sperrt sie in einen Käfig und mästet ihn, da sie ihn fressen will. Gretel macht sie zur Dienstmagd.
Immer wieder will die Hexe prüfen, ob Hänsel schon dick genug sei, doch Hänsel wendet eine List an: Wenn die Hexe, die schlecht sieht, seinen Finger befühlen will, streckt er ihr jedes Mal einen kleinen Knochen entgegen, um sie zu täuschen. Da der Junge anscheinend nicht fett wird, verliert die Hexe die Geduld und will ihn sofort braten. Sie befiehlt Gretel, in den Ofen zu sehen, ob dieser schon heiß sei. Gretel aber stellt sich nun dumm und bringt die immer ungeduldiger werdende Hexe dazu, selbst nachzusehen. Als sie aber den Ofen öffnet, schiebt Gretel die böse Hexe hinein, schließt die Tür und die Hexe verbrennt. Sofort befreit Gretel Hänsel aus dem Käfig. Im Hexenhaus finden die Kinder noch einen Schatz und kehren dann zum Vater zurück. Die Mutter ist inzwischen gestorben. So leben sie nun glücklich und müssen nie mehr Hunger leiden.

7.0 Deutung.

Im Märchen Hänsel und Gretel finden wir folgende typische Familiensituation vor: Eine von ihren Kindern vollständig überforderte Mutter ist ausgehungert nach Leben. Sie hat das Gefühl, die Kinder stehen voll im Leben, während sie nur noch zuschauen darf. Ihr Mann, der Vater der Kinder, ist völlig abhängig von der Mutter. Sei es finanziell oder sei es sexuell. Die Mutter zwingt ihren Mann, die Kinder fortzuschaffen. Sie hat keine Kraft mehr, die Kinder zu nähren. Der schwache Vater befolgt ihren Befehl und schickt die Kinder unvorbereitet in den Dschungel des Lebens.

Die beiden Kinder geraten sehr bald in die Fänge der Hexe. Die Hexe ist der ins Unbewusste abgedrängte Teil der Mutter. In diesem unbewussten Teil möchte die Mutter den Sohn ganz für sich haben und will ihn mästen, bis er ein richtiger Mann wird. Die Tochter aber will sie aus dem Weg schaffen und nutzt sie als billige Arbeitskraft. Während es sich der Sohn gut gehen lässt, sich verhätscheln und verzärteln lässt und seinen Käfig fast schon genießt, ist die Tochter mit ihrer Situation unzufrieden. Aber sie nutzt einen Clowntrick: Sie verstellt sich und stellt sich dümmer an, als sie wirklich ist.

Die Hexe ist wie alles Böse in den Märchen ungeduldig. In ihrem Eifer übersieht die Mutter, dass die Tochter gefährlicher ist, als sie denkt. Und dann geschieht das Unerwartete: Im richtigen Moment greift die Tochter die Mutter an und vernichtet ihr ganzes hexisches Ansinnen. Sodann befreit sie Hänsel, ihren Bruder.

Es ist für Männer sehr schwer zu akzeptieren, dass sie sich selbst nicht befreien können. Sie bedürfen einer liebevollen Partnerin, die sie erlösend befreit.

7.1 Erste Schlüsselszene: Das Wegschicken.

Bühnenaufbau: Zwei Stühle stehen nebeneinander auf der Bühne. Vom Publikum aus betrachtet links setzt sich die junge Frau. Von rechts kommt der junge Mann und setzt sich. Die beiden Spieler bleiben während des folgenden Spiels stumm, blicken aber immer zum jeweiligen Sprecher. Von links tritt auf die Mutter, von rechts der Vater.
MUTTER: Ich halt das nicht mehr aus.
VATER: Was hältst du nicht mehr aus?
MUTTER: Die Kinder. Sie beanspruchen so viel Kraft und Energie. Ich habe nichts mehr. Ich habe ihnen nichts mehr zu geben. Ich brauche noch etwas für mich.
VATER: Was schlägst du vor?
MUTTER: Wir schicken sie fort.
VATER: Das kannst du nicht machen.
MUTTER: Und ob ich das kann. Wenn du mich nicht unterstützt, werde ich dich nicht mehr unterstützen.
VATER: Was heißt das?
MUTTER: Weder werde ich Geld verdienen noch werde ich dich dran lassen.
VATER: Das ist hart.
MUTTER: Schick die Kinder fort und ich mache dich unendlich glücklich.
VATER: Das ist sehr hart.
MUTTER: Schick die Kinder nicht fort und ich mache dich unendlich unglücklich.
VATER: Das ist Erpressung.
MUTTER: Genau das soll es sein.
VATER *(zu den Kindern)*: Kinder, ihr müsst gehen.
KINDER: Wohin sollen wir gehen?
VATER *(streng)*: Das weiß ich nicht, ich weiß nur eins...
MUTTER: Ihr müsst fort von hier!
JUNGER MANN *(nimmt die junge Frau bei der Hand)*: Lass uns gehen, wir sind hier nicht mehr erwünscht.

7.2 Zweite Schlüsselszene: Im Banne der Mutter.

Vom Publikum aus gesehen links steht der Sohn. In der Mitte steht die Mutter und rechts die Tochter. Im Folgenden spricht die Mutter abwechselnd erst zum Sohn und dann zur Tochter.

MUTTER *(zum Sohn)*: Mein geliebter Sohn, ich bin so stolz auf dich. Was du anpackst, gelingt dir. Und weißt du, was das Schönste ist?

SOHN: Was, Mutter?

MUTTER: Dass du dich immer so artig bedankst bei mir.

SOHN: Danke, Mutter.

MUTTER *(zur Tochter)*: Nimm dir ein Beispiel an deinem Bruder, wie dankbar der ist.

Die Tochter schweigt verstockt.

MUTTER *(zum Sohn)*: Was wünschst du dir denn als Belohnung?

SOHN: Ich wünsche mir mein Lieblingsessen. Mein Lieblingsgetränk. Meinen Lieblingskuchen.

MUTTER: So ist es gut, mein Lieber. Du musst viel essen, viel trinken, dass du groß und stark wirst. *(zur Tochter)* Und du, meine Tochter, hältst die Wohnung sauber und kochst deinem Bruder das Lieblingsessen. Außerdem backst du seinen Lieblingskuchen und mixt sein Lieblingsgetränk. *(zum Sohn)* Du sollst einmal stärker und größer werden als dein Vater. Enttäusche mich nicht. *(zur Tochter)* Und dir werde ich beibringen, dass man seiner Mutter dienen muss. Dass man arbeiten muss bis zum Umfallen. *(zum Sohn)* Und du, mein Söhnchen, enttäusche deine Mutter nicht. Ich mache aus dir einen richtigen, attraktiven Mann. *(zur Tochter)* Wage dich, mir Konkurrentin zu sein. Ich werde dich vernichten.

TOCHTER: Das ist ungerecht.

SOHN: So ist das Leben - ungerecht!

7.3 Dritte Schlüsselszene: Die Mutter sprachlos machen.

Bühnenaufbau: Drei Stühle stehen auf der Bühne. Vom Publikum aus gesehen von links tritt auf die Schwiegertochter und setzt sich auf den linken Stuhl. Vom Publikum aus gesehen von rechts tritt auf die Mutter und setzt sich in die Mitte. Ebenfalls von rechts tritt auf der Sohn und setzt sich auf den rechten Stuhl. Alle essen pantomimisch.

MUTTER *(nörgelnd)*: Na, das Essen ist ja nicht so geglückt. Oder wie findest du's, mein Sohn?

SOHN: Nun ja.

MUTTER: Bei mir hattest du es so gut.

SOHN: Nun ja.

MUTTER: Bedauerst du deinen Schritt nicht, die Falsche geheiratet zu haben?

SOHN: Nun ja.

SCHWIEGERTOCHTER: Ich habe bislang alles mit angehört und geschwiegen.

MUTTER: Es ist auch besser so.

SCHWIEGERTOCHTER: Aber gestatte mir eine Frage.

MUTTER: Nur zu, frage.

Doch bevor die Schwiegertochter ihre Frage stellen kann, spricht die Mutter zum Sohn:

MUTTER: Ich habe dir deine Lieblingsspeise, dein Lieblingsgetränk und deinen Lieblingskuchen draußen in einer Tasche mitgebracht.

SCHWIEGERTOCHTER: Kann ich jetzt endlich meine Frage stellen?

MUTTER: Aber natürlich, stell deine Frage.

SCHWIEGERTOCHTER: Dein Sohn hat mir erzählt, sein Vater hat sich bei ihm immer beschwert, dass ihr nur schlechten Sex habt. Ist das so?

Die Mutter ist sprachlos.

8. Eisenhans.

Im Wald eines Königs geht Merkwürdiges vor sich. Eines Tages entdeckt ein Jäger einen Tümpel, auf dessen Grund ein wilder Mann haust, der Mensch und Tier in die Tiefe zieht. Er lässt den Tümpel ausschöpfen und nimmt den wilden Mann - den Eisenhans - gefangen. Dieser wird nun in einem Käfig im Königshof gefangen gehalten. Er überredet jedoch den Sohn des Königs, den Schlüssel für den Käfig, der unter dem Kopfkissen dessen Mutter liegt, zu besorgen und ihn zu befreien. Da der Königssohn nach dieser Tat Angst hat, am Hof zu bleiben, nimmt der wilde Mann ihn mit in den Wald. Dort soll der Königssohn auf einen Brunnen aufpassen, in den nichts hineinfallen darf. Als ihm zum dritten Mal etwas hineinfällt, diesmal sein langes Haar, das nun vergoldet ist, schickt Eisenhans ihn fort, verspricht ihm aber zu kommen, wenn er ihn ruft.
Der Königssohn zieht durch die Welt, arbeitet als Gärtner bei einem König und verliebt sich in dessen Tochter, die ihm ebenfalls sehr zugetan ist. Als dieser König in einen Krieg verwickelt wird, ruft der junge Prinz zum ersten Mal Eisenhans um Hilfe, und so gelingt es ihm, unerkannt den Feind zu besiegen. Um herauszufinden, wer ihm im Krieg geholfen hat, veranstaltet der König ein Turnier, bei dem seine Tochter einen goldenen Apfel unter die Teilnehmer werfen soll. Der Prinz erscheint, vom Eisenhans als Ritter ausstaffiert, und fängt an allen drei Tagen den Apfel. Erst am letzten Tag gesteht er seine wahre Herkunft und erhält die Prinzessin zur Frau. Zur Hochzeitsfeier kommen nicht nur die Eltern des Prinzen, die ihren verloren geglaubten Sohn in die Arme schließen, sondern auch ein fremder König mit Gefolge: Der Eisenhans, der verwunschen war und durch den jungen Prinzen erlöst wurde. Als Dank vermacht er ihm seinen gesamten Reichtum.

8.0 Deutung.

Im Eisenhans wird der Einweihungsweg von einem Muttersöhnchen zu einem vollwertigen Mann beschrieben. Mit unglaublicher Symbolkraft wird beschrieben, wie das rohe, unstrukturierte, rein Männliche gefangen und dann gefangen gehalten wird. Der Mann ist aufgespalten in einen edlen Teil, der die Wünsche der Mutter nach einem edlen Mann widerspiegelt, und einem rohen und ungeschlachten Teil, der sehr kräftig und sehr brutal ist. Das Schwierige für den Mann ist die Tatsache, dass in dem rohen Teil auch die magische Potenz des Mannes ruht.
Das Märchen zeigt nun den ersten Schritt zur Befreiung des Mannes: Der Schlüssel zum Käfig, in dem Eisenhans eingesperrt ist, liegt unter dem Kopfkissen im Bett der Mutter. Also die Mutter aus erotischer Perspektive zu erleben, ist der Schlüssel, um den rohen Kern zu befreien. Eisenhans verwandelt sich in der Freiheit zu einem Lehrer, der dem jungen Mann beibringen will, sich unter allen Umständen im Umgang mit dem Weibe zu beherrschen. Der Brunnen ist ein Symbol für die Weiblichkeit. Aber die Aufgabe erweist sich als zu schwer für den jungen Mann. Junge Männer wollen keine Beherrschung lernen. Sie wollen nur lernen, wie sie mit ihrer Strategie Mädchen und Frauen verführen können. Beherrschung wollen sie keine lernen.
Also schickt Eisenhans seinen Schüler fort mit dem Hinweis, ihm zu helfen, wenn er ihn um Hilfe rufe, da der Junge ein gutes Herz habe. Der junge Mann, obwohl er ein Prinz ist, muss einen langen Weg des Dienens beschreiten, muss seinen wahren Kern verbergen, um seine Lektion zu lernen. Am Ende aber schafft er mit Hilfe von Eisenhans seine Verwandlung in einen großartigen Kämpfer und edlen Ritter. Aus dem Jungen ist endlich ein vollwertiger Mann geworden.

8.1 Erste Schlüsselszene: Mutter bestehlen.

Bühnenaufbau: In der Bühnenmitte stehen zwei Stühle. Auf dem einen Stuhl sitzt die Mutter in eine Decke eingehüllt, sie schläft. Vom Publikum aus gesehen rechts tritt der Sohn auf und setzt sich auf den Stuhl neben der Mutter. Die Mutter wacht auf. Erschrocken fragt sie:

MUTTER: Was machst du hier?

SOHN: Ich suche etwas.

MUTTER: Was suchst du?

SOHN: Ich suche den Schlüssel.

MUTTER: Welchen Schlüssel?

SOHN: Den Schlüssel zum wilden Mann in mir.

MUTTER: Ich gebe dir den Schlüssel nicht.

SOHN: Warum nicht?

MUTTER: Weil ich keinen wilden Mann haben will.

SOHN: Mutter, das kannst du nicht machen.

MUTTER: Was kann ich nicht machen?

SOHN: Mich aufspalten. Einerseits soll ich ein edler Mann werden und auf der anderen Seite soll ich den wilden Mann verbergen.

MUTTER: So ist es.

SOHN: Die beiden Teile gehören zusammen.

MUTTER: Wie dem auch sei, den Schlüssel zu deinem wilden Mann bekommst du nicht.

SOHN: Dann sehe ich mich gezwungen, ihn zu stehlen.

MUTTER *(gähnend)*: Wage dich.

SOHN: Ich warte einfach, bis du eingeschlafen bist.

Die Mutter schnarcht.

SOHN: Ich habe keine andere Wahl. Um ein ganzer Mann zu werden, muss ich Mutter bestehlen. Sie will es nicht. Sie will mich spalten. Aber ich kann mich nicht spalten lassen. Ich will ein ganzer Mann werden.

8.2 Zweite Schlüsselszene: Beherrschung lernen.

Vom Publikum aus gesehen von links tritt auf der Lehrer, vom Publikum aus gesehen von rechts der Schüler. Der Schüler verneigt sich.

SCHÜLER: Ich bin glücklich, dein Schüler sein zu dürfen.

LEHRER: Wir beginnen sogleich mit der Unterweisung.

SCHÜLER: Ich habe viel zu lernen.

LEHRER: Das Wichtigste im Leben eines jungen Mannes ist seine Kraft, sich zu beherrschen. Das ist der Schlüssel, um ein Mann zu werden - Beherrschung.

SCHÜLER: Es fällt mir schwer, mich zu beherrschen.

LEHRER: Ich weiß. Allen Männern fällt es schwer, sich zu beherrschen.

SCHÜLER: Können einem die Frauen nicht dabei helfen?

LEHRER: Nein. Im Gegenteil. Die Frauen prüfen den Mann auf seine Fähigkeit, sich zu beherrschen.

SCHÜLER: Aber wie kann ich denn lernen, mich wirklich zu beherrschen?

LEHRER: Bevor ich dir diese Frage beantworte, lass mich eine Frage stellen.

SCHÜLER: Frage, mein Lehrer.

LEHRER: Und du wirst mir diese Frage nach bestem Wissen ehrlich beantworten?

SCHÜLER: Ja, ich werde ehrlich antworten.

LEHRER: Willst du dich beherrschen?

SCHÜLER: Ehrlich gesagt: Nein.

LEHRER: Was soll ich dich dann lehren?

SCHÜLER: Vielleicht gibt es ein paar Tricks, mit denen ich lernen kann, mich zu beherrschen. Mein Lehrer, bitte belehre mich.

LEHRER: Ich bin nicht mehr dein Lehrer. Ich kann dir nicht helfen. Das Leben ist jetzt dein Lehrer.

8.3 Dritte Schlüsselszene: Männerauswahl.

Die Frau tritt vom Publikum aus gesehen von links auf, der Mann von rechts.

FRAU: Du hältst also um meine Hand an?

MANN: So ist es.

FRAU: Ich will dir einige Fragen stellen. Beantworte sie, so gut du kannst.

MANN: Das will ich tun, frage!

FRAU: Bist du gut durchtrainiert? Bist du muskulös und beweglich? Gut im Sport und gut im Tanz?

MANN: Wenn das für dich so wichtig ist, dann will ich daran arbeiten.

FRAU: Nächste Frage.

MANN: Frage.

FRAU: Bist du intelligent? Kannst du Sachverhalte auf ihren Wahrheitsgehalt analysieren? Kannst du gut und geschliffen reden?

MANN: Wenn das für dich so wichtig ist, dann will ich daran arbeiten.

FRAU: Nächste Frage.

MANN: Frage.

FRAU: Wie steht es um deine Begeisterung? Kannst du dich für eine Sache so begeistern, dass du alle mitreißt? Kannst du eine Geschichte so erzählen, dass man sich mitten drin fühlt? Kannst du Stimmungen so ausdrücken, dass man diese Stimmungen fühlt?

MANN: Wenn das für dich so wichtig ist, dann will ich daran arbeiten.

FRAU: Das alles ist wichtig für mich.

MANN: Warum nimmst du mich nicht so, wie ich bin?

FRAU: So wie du bist, bist du kein Mann.

MANN: Ich will aber ein Mann werden.

FRAU: Wenn du ein Mann geworden bist, so werde ich dich erhören.

9.0 Aschenputtel.

Die junge Tochter eines reichen Kaufmannes wächst wohlbehütet auf, doch als ihre Mutter stirbt, heiratet ihr Vater eine Witwe, die zwei Töchter mit ins Haus bringt. Stiefmutter und Stiefschwestern zwingen fortan das Mädchen, harte Arbeit zu leisten und in der Asche neben dem Herd zu schlafen, und nennen sie Aschenputtel.
Von einer Reise bringt der Vater seinen Töchtern Geschenke mit. Aschenputtel bekommt einen Haselzweig, den sie auf das Grab der Mutter pflanzt. Dort wächst er zu einem Baum, unter dem Aschenputtel betet.
Auf einem großen Fest, auf dem der Königssohn nach einer Frau Ausschau hält, biedern sich die Stiefmutter und die beiden Stiefschwestern an. Auch als Aschenputtel mit Hilfe von Tauben die schier unlösbare Aufgabe, Linsen aus der Asche zu lesen, erledigt, darf sie nicht mit auf das Fest, weil sie keine schönen Kleider hat. Sie geht ans Grab der Mutter und erhält dort prächtige Kleider und bestickte Pantoffeln. So gekleidet geht sie unerkannt auf das Fest und der Königssohn verliebt sich in sie. Als das schöne Mädchen die ersten zwei Abende fortläuft, ohne dass der Königssohn erfährt, wer sie ist, bestreicht er am dritten Abend die Schlosstreppe mit Pech, und so verliert sie einen ihrer goldenen Pantoffeln. Nun sucht der Prinz die Frau, der dieser Pantoffel passt. Auch im Haus von Aschenputtels Vater forscht er nach. Die beiden Stiefschwestern versuchen vergebens, den zierlichen Schuh über ihre Füße zu ziehen. Auf den Rat der Mutter hin schneidet sich die erste den großen Zeh ab und die zweite die Ferse. Doch die Tauben auf dem Haselbäumchen der Mutter erkennen den Betrug und rufen dem Königssohn zu, dass Blut ihm Schuh sei. So kehrt er um und findet nun endlich Aschenputtel, der als Einzige der Schuh passt, und führt sie als Braut auf sein Schloss.

9.0 Deutung.

Im Märchen Aschenputtel finden wir folgende Situation vor: Das junge Mädchen verliert seine Mutter und sieht sich durch den Tod der Mutter aus jeglicher Geborgenheit herausgeschleudert. Der Vater heiratet zum zweiten Mal. Die eitle Frau, die er heiratet, bringt zwei Mädchen mit in die Ehe, die ebenfalls sehr eitel sind.

Das Mädchen Aschenputtel ist gänzlich verloren. Der Vater ist viel zu schwach, um sie vor den Angriffen der Stiefmutter und deren beiden Töchtern zu schützen. Dem Mädchen bleibt als einzige Hoffnung die Mutter im Himmel. Die Mutter im Himmel, zu der das junge Mädchen regelmäßig betet, behütet und beschützt das junge Mädchen, so gut es möglich ist.

Die Tauben als Symbol für ordnende Gedankenkraft helfen dem jungen Mädchen, das Gute und das Schlechte voneinander zu unterscheiden.

Mit Hilfe der Mutter im Himmel gelingt es der Tochter, nicht nur ihre Seelenreinheit zu bewahren, sondern auch den jungen Mann auf sich aufmerksam zu machen, der sie sucht. Alle Bemühungen der Stieftöchter, sich dem jungen Mann anzupreisen, scheitern. Gleichgültig, wie sie sich verstümmeln, der junge Mann spürt, oft erst im letzten Moment, dass sie für ihn nicht geeignet sind. Er spürt in sich ein unklares Gefühl, das ihm sagt, dass Aschenputtel für ihn bestimmt ist. Aber er ist sich unsicher. Er hat keinen Beweis. Da ersinnt er eine List: Über den Fußabdruck erkennt er die junge Frau. Jetzt ist er sich sicher. Der Fuß als Schlüssel zur Seele. Der Fußabdruck verrät die Schwingung der Seele. Nicht auf der Ferse gehen und nicht auf den Fußballen und Zehen gehen, sondern mit dem ganzen Fuß auftreten ist der Schlüssel und das entscheidende Zeichen, das dem jungen Mann seine Seelenpartnerin verrät.

9.1 Erste Schlüsselszene: Die Fremden kommen.

Die Tochter steht traurig im Zentrum, es erscheint vom Publikum aus gesehen links die Stiefmutter mit ihren zwei Töchtern, den Stiefschwestern.

STIEFSCHWESTERN: Wer bist du?

TOCHTER: Ich bin die Tochter meines Vaters.

Stiefmutter und Stiefschwestern lachen.

STIEFSCHWESTERN: Wir sind jetzt die neuen Töchter deines Vaters.

STIEFMUTTER *(zu ihren Töchtern)*: Zeigt ihr die Stellung, in der sie von nun an dienen wird.

Die Stiefschwestern stellen sich links und rechts von der Tochter auf.

TOCHTER *(bekommt Angst und ruft)*: Vater!

STIEFMUTTER *(satt)*: Der schläft, denn er hat sich gerade sehr, sehr anstrengen müssen.

Die Stiefmutter lacht zweideutig, auch die Stiefschwestern kichern. Aschenputtel ist verzweifelt.

RECHTE STIEFSCHWESTER: Jetzt wollen wir ein wenig unsere Knie beugen.

LINKE STIEFSCHWESTER: Jetzt wollen wir ein wenig unseren Rücken beugen.

RECHTE STIEFSCHWESTER: Jetzt wollen wir ein wenig mehr die Knie beugen.

LINKE STIEFSCHWESTER: Jetzt wollen wir ein wenig mehr den Rücken beugen.

RECHTE STIEFSCHWESTER: Jetzt wollen wir ganz die Knie beugen...

LINKE STIEFSCHWESTER: ... und wir wollen ganz den Rücken beugen.

Die Tochter kniet nun vollständig am Boden zerstört.

STIEFMUTTER: Das ist die Haltung, mein Mädchen, die dir zusteht.

9.2 Zweite Schlüsselszene: Das Unterscheidungsvermögen.

Bühnenaufbau: Ein Stuhl steht in der Bühnenmitte. Die Tochter sitzt auf dem Stuhl, nimmt eine Haltung und Geste des Gebets ein und ruft:
TOCHTER: Mutter, wo bist du?
Vom Publikum aus gesehen von links tritt die Mutter hinter den Stuhl, bleibt dort stehen und spricht:
MUTTER: Meine Tochter, du hast mich gerufen?
TOCHTER: Mutter, hilf mir.
MUTTER: Ich will dir helfen.
TOCHTER: Mutter, seitdem Vater neu geheiratet hat und die neue Frau zwei Töchter mitgebracht hat, werde ich verhöhnt und gedemütigt.
MUTTER: Es hilft dir nichts zu jammern.
TOCHTER: Ich bin so orientierungslos. Es dreht sich alles im Kreise um mich, gib mir eine Hilfe.
MUTTER: Lerne deine Worte im Herzen zu bewegen.
TOCHTER: Mutter, was heißt das?
MUTTER: Ich schicke dir Gedankenkraft. Mit diesen Gedanken kannst du gut das Gute und das Schlechte unterscheiden. Denn die Gedanken wurzeln in deinem Herzen. Das ist der Schlüssel, um wirklich zu denken. Denke niemals abgekoppelt von deinem Herzen. Wenn du dein Herz befragst, ist es dir möglich, sehr schnell Gutes und Schlechtes zu unterscheiden.
TOCHTER: Mutter, da gibt es einen jungen Mann, der sich für mich interessiert. Wie kann ich machen, dass er mich erkennt?
MUTTER: Ich bin die Hüterin deiner Seele. Überlass das mir. Ich werde ihm Zeichen senden, die ihm zu erkennen geben, wer du bist. Wenn er dein Seelenpartner ist, wird er dich erkennen.
TOCHTER: Mutter, ich danke dir!

9.3 Dritte Schlüsselszene: Das Wahre siegt.

Die Frau tritt vom Publikum aus gesehen von links auf, der Mann von rechts. Er hält in der Hand einen Schuh.

MANN: Ich möchte, dass du diesen Schuh anprobierst, ob er dir passt.

FRAU: Was soll das bringen?

MANN: Dieser Schuh ist meine Orientierung. Er hat mir bislang geholfen, herauszufinden, ob die Frau zu mir passt oder nicht zu mir passt.

FRAU: Und?

MANN: Die erste Frau, die ich geprüft habe, hatte keine Fersen. Sie ging immer auf den Zehen und war sehr hochmütig. Der Schuh passte nicht.

FRAU: Und die zweite Frau?

MANN: Ging auf den Fersen. Sie hatte keine Zehen. Sie war sehr dumm. Der Schuh passte nicht.

FRAU: Wieso glaubst du, über einen passenden Schuh die richtige Frau finden zu können?

MANN: Der Fuß ist der Abdruck der Seele. Und die einzige Orientierung, die ich habe in dieser Welt der Formen und der Täuschungen, ist die Form der Seele. So kann ich erkennen, ob deine Seele zu mir passt.

FRAU: Auch ich will wissen, ob deine Seele zu mir passt.

MANN: Darf ich dir also den Schuh anprobieren?

FRAU: Du darfst.

Der Mann kniet sich hin und führt ihren Fuß sanft in den Schuh. Er passt. Der Mann erhebt sich.

MANN: Der Schuh passt. Du bist es.

FRAU: Ich wusste es von Anfang an.

MANN: Wieso hast du nichts gesagt?

FRAU: Ich wollte, dass du mich entdeckst.

MANN: Nun habe ich dich entdeckt.

FRAU: Ja, das hast du.

10. Hans im Glück.

Hans hat seinem Herrn sieben Jahre gedient. Für seine treuen Dienste erhält er als Lohn einen Klumpen Gold so groß wie sein Kopf. Hans nimmt das Gold auf seine Schulter und macht sich auf den Weg. Doch das Gold ist schwer und als ein Reiter an ihm vorbeitrabt, entdeckt Hans die Vorzüge des Reitens und tauscht sein Gold für das Pferd ein. Als Hans glücklich auf seinem Pferd reitet, verliert er die Kontrolle und landet im Graben eines Ackers.
Ein Bauer mit einer Kuh hält das Pferd auf und bietet Hans an, ihm für das Pferd seine Kuh zu überlassen. Hans freut sich über eine immerwährende Quelle an Milch, Butter und Käse. Doch als er nach langer Wanderung durstig die Kuh melken will, bekommt er keinen Tropfen Milch, stattdessen schlägt die Kuh ihm mit dem Huf auf den Kopf.
Da kommt ein Metzger mit einem jungen Schwein und erklärt Hans, seine Kuh sei sicherlich zu alt zum Milchgeben. Scheinbar wohlwollend überlässt der Metzger Hans sein Schwein für die Kuh.
Hans träumt schon von frischem Schweinebraten, da läuft ihm ein Bursche mit einer Gans über den Weg. Dieser erzählt Hans, dass im nächstgelegenen Dorf ein Schweinedieb gesucht sei. Er aber hilft ihm scheinbar aus der Not und gibt Hans seine Gans für das Schwein.
Glücklich kommt Hans mit seiner Gans in ein Dorf und trifft dort einen gut gelaunten Scherenschleifer. Dieser erklärt Hans, dass er als Schleifer immer Geld in den Taschen habe. Hans, der nun auch Scherenschleifer werden will, gibt ihm seine Gans für einen gewöhnlichen Feldstein. Hans macht sich wieder auf den Weg und der Stein wird immer schwerer. An einem Brunnen macht er Rast, um zu trinken, da fällt der Stein in den Brunnen.
Glücklich, von aller Last befreit zu sein, kehrt Hans schließlich zu seiner Mutter nach Hause zurück.

10.0 Deutung.

Bei dem Märchen Hans im Glück finden wir gegenüber den meisten anderen Grimmschen Märchen eine völlig veränderte Situation: Es geht hier nicht um den Übergang vom Mädchen zur Frau oder vom Jungen zum Mann, sondern der Held in dieser Geschichte hat ausgelernt, steht mitten im Berufsleben und ist enorm erfolgreich. Es geht nicht um eine Katastrophe, die dringend eine Transformation erfordert, sondern es geht um den Einweihungsweg, den die Seele gehen muss. Das Märchen will uns nahelegen, dass der Held jetzt schwerwiegende Fehler macht. Immer ist das, was der Held gerade nicht hat, attraktiver als das, was er hat. Und so tauscht er das, was er hat, gegen das, was ihm besser erscheint. Ganz im Irdischen verhaftet ist seine Entwicklung nicht nachzuvollziehen. In der materiellen Welt gilt: Je mehr du nimmst, umso mehr hast du. Aber Hans, der Held, wählt einen anderen Weg. Er wählt den spirituellen Weg. Und dort gilt ein völlig anderes Gesetz, nämlich: Je mehr du gibst, umso mehr bekommst du.
Der Held tauscht seinen irdischen Besitz systematisch um, bis er am Ende nichts mehr hat. Mit leeren Händen kommt er zur Mutter zurück. Ähnlich wie die Großmutter in Rotkäppchen symbolisiert die Mutter im Märchen Hans im Glück die Seele. In dem Märchen Hans im Glück wird der Einweihungsweg eines erfolgreichen Menschen auf seinem Weg zur Seele nachgezeichnet. Am Ende ist es dann soweit: Nachdem Hans, der Held, alles verloren hat, nachdem alle irdischen Werte keinen Reiz mehr auf ihn ausüben, ist er frei. Wirkliche Freiheit ist immer die Freiheit der Seele. Gleichgültig, wie sich der irdische Körper an irdisches Glück bindet, die reine Seele bleibt davon unberührt.

10.1 Erste Schlüsselszene: Gold gegen Ferrari.

Vom Publikum aus gesehen von links tritt der Mann auf, von rechts der Autohändler.

AUTOHÄNDLER: Wir haben ja schon telefonisch alles vorbesprochen, Sie interessieren sich sehr für den roten Ferrari, stimmt's?

MANN: Meine alles entscheidende Frage ist: Wie viel bekomme ich für diesen Klumpen Gold?

AUTOHÄNDLER: Sie kriegen den roten Ferrari dafür.

MANN: Wie teuer ist der rote Ferrari?

AUTOHÄNDLER: Hunderttausend.

MANN: Der Goldklumpen ist fünfhunderttausend wert.

AUTOHÄNDLER: Aber jetzt hören Sie mal genau zu. Sie können doch nicht zu jedem Menschen sagen: Komm mit in meine Bank, in meinem Schließfach liegt ein großer Klumpen Gold, der ist fünfhunderttausend wert. Aber mit dem Ferrari können Sie rumfahren und alle Menschen bleiben stehen und sagen: Wow, sieh mal. Das muss ja ein besonderer Mensch sein, wenn er einen roten Ferrari fährt.

MANN: Meinen Sie?

AUTOHÄNDLER: Und wenn Sie abends die Dame Ihres Herzens zum Essen abholen und wenn Sie sie nachts nach Hause fahren, dann wird sie denken: In so einem besonderen Auto fährt bestimmt ein besonderer Mann.

MANN: Meinen Sie?

AUTOHÄNDLER: Und Ihre Freunde werden Sie bewundern, wenn Sie mit dem Ferrari vorfahren.

MANN: Wie viel sagten Sie kostet der Ferrari?

AUTOHÄNDLER: Hunderttausend.

MANN: Nehmen Sie meinen Klumpen Gold dafür.

AUTOHÄNDLER: Selbstverständlich.

Beide schütteln sich die Hände und sagen:

MANN und AUTOHÄNDLER: Abgemacht.

10.2 Zweite Schlüsselszene: Tausche Auto gegen Frau.

Vom Publikum aus gesehen von links tritt auf der Mann, von rechts tritt auf der Autohändler. Hans hält in der Hand einen Autoschlüssel.

MANN: Wissen Sie, ich will heiraten.

AUTOHÄNDLER: Schön für Sie. Was habe ich denn damit zu tun?

MANN: Ich brauche Geld für die Hochzeit. Meine Frau erwartet was Außergewöhnliches.

AUTOHÄNDLER: Ja, ja, so eine Hochzeit ist teuer. Und jetzt kommen Sie endlich zur Sache.

MANN: Sie haben den roten Ferrari gesehen, mit dem ich gekommen bin.

AUTOHÄNDLER: Ja, ich habe ihn gesehen.

MANN: Was bieten Sie dafür?

AUTOHÄNDLER: Zwanzigtausend maximal.

MANN: Was??? Vor einem halben Jahr habe ich hunderttausend dafür bezahlt.

AUTOHÄNDLER: Zwanzigtausend Maximum.

MANN: Aber wie soll ich mit zwanzigtausend eine pompöse Hochzeit veranstalten?

AUTOHÄNDLER: Vorschlag zur Güte: Sie lassen den Ferrari sofort hier und ich gebe Ihnen fünfzehntausend, und zwar bar auf die Hand.

MANN: Das ist unfair.

AUTOHÄNDLER: Brauche ich Geld oder brauchen Sie Geld? Und jetzt schwingen Sie sich in Ihren Ferrari und fahren vom Hof.

MANN: Okay, ich nehm fünfzehntausend bar.

AUTOHÄNDLER: Zwölftausend, Sie haben mich da irgendwie missverstanden.

MANN: Gut, einverstanden.

10.3 Dritte Schlüsselszene: Der Einweihungsweg.

Frau tritt vom Publikum aus gesehen links auf, Mann von rechts.

FRAU: Du wolltest dringend was mit mir besprechen. Ist es was Ernstes?

MANN: Ja, schon.

FRAU: Bist du krank?

MANN: Nein.

FRAU: Eine andere Frau im Spiel?

MANN: Nein.

FRAU: Unüberwindbare Aggressionen gegen mich?

MANN: Nein.

FRAU: Mach's nicht so spannend.

MANN: Du wirst es nicht verstehen.

FRAU: Das wirst du erst herausfinden, wenn du es sagst.

MANN: Ich will mich auf den Weg machen.

FRAU: Wohin?

MANN: Auf den Weg zu meiner eigenen Seele.

FRAU: Was für ein Geschwafel.

MANN: Ich habe dir ja schon gesagt, dass du mich nicht verstehen wirst.

FRAU: Was heißt "Ich mache mich auf den Weg zu meiner Seele" konkret?

MANN: Ich brauche mehr Zeit für mich. Mehr Freiraum, mehr Reisen. Alleine.

FRAU: Wie heißt sie?

MANN: Warum verstehst du nicht?

FRAU: Ein halbes Leben haben wir alles zusammen gemacht, alles geteilt, die Kinder gemeinsam großgezogen. Und nun willst du alles hinwerfen mit der Begründung, dass du den Weg der Seele gehst. Wach auf!

MANN: Ich bin aufgewacht. Und deswegen gehe ich!

11. Rapunzel

Eine schwangere Frau hat unstillbaren Appetit auf Rapunzel und schickt immer wieder ihren Mann in den Garten der Nachbarin, um dort Rapunzel zu stehlen. Doch einmal wird er von der Nachbarin, die eine Zauberin ist, ertappt. Als Strafe verlangt sie das Kind. Gleich nach der Geburt holt die Zauberin das ihr versprochene Mädchen und nennt es Rapunzel. Als Rapunzel zwölf Jahre alt ist, sperrt die Zauberin sie in einen abgelegenen Turm. Der Turm hat keine Türen und nur durch ein Fenster ganz oben im Turm kann die Zauberin hineingelangen. Immer, wenn sie Rapunzel mit Nahrung versorgen will, ruft sie: "Rapunzel, Rapunzel, lass dein Haar herunter!", und zieht sich dann an Rapunzels langem Zopf nach oben.
Eines Tages reitet ein Prinz durch den Wald und sieht, wie die Zauberin in den Turm gelangt. Als sie wieder fort ist, ruft er die gleichen Worte, und die schöne Rapunzel wirft ihr Haar herunter. Der Prinz gelangt in den Turm und die beiden verlieben sich. Sie schmieden einen Plan: Immer, wenn der Prinz Rapunzel besuchen kommt, bringt er ihr ein Stück Seide mit und daraus knüpft sie eine Leiter, an der die beiden aus dem Turm fliehen wollen.
Doch Rapunzel verrät sich, als sie die Zauberin fragt, warum sie so viel schwerer sei als der Prinz. Die zornige Zauberin schneidet ihr das lange Haar ab und verbannt sie in eine Wüstenei. Als der Königssohn kommt, wirft sie ihm Rapunzels Haar hinab. Im Turm angekommen erkennt der Prinz, was geschehen ist, und stürzt in seiner Verzweiflung vom Turm. Er landet in Dornen, die seine Augen verletzen. Erblindet und wehklagend irrt er nun durch die Welt, bis er Rapunzel findet und an ihrem Gesang erkennt. Als Rapunzel vor Freude weint und ihre Tränen seine Augen benetzen, kann der Prinz wieder sehen, und glücklich kehren sie heim in sein Königreich.

11.0 Deutung.

Um das Märchen Rapunzel deuten zu können, bedarf es einer wichtigen Information: Das Urmärchen, von dem Rapunzel abgeleitet ist, ist das italienische Märchen "Petrosinella", was übersetzt Petersilie bedeutet. Petersiliensamen wurden im Mittelalter von Frauen verwendet, um voreheliche Schwangerschaften abzutreiben. Wir haben also im Märchen den Fall, dass ein Kind unerwünscht ist und eine Abtreibung geplant ist. Der Mann wird ausgeschickt, um Abtreibungsmittel zu besorgen.
Eine weise Frau nimmt das Kind zu sich. Sie weiß, dass ein Mädchen, das unschuldig ist, über magische Kräfte verfügt. Aus diesem Grunde erzieht sie Rapunzel von Anfang an isoliert, lässt sie in einem hohen Turm wohnen und will, dass sie von einem Mann unberührt aufwächst und Wissen und magische Kräfte entwickelt. Die weise Frau muss sich sicher sein, dass die Schülerin ihre Talente optimal auslebt. Das Symbol der Unschuld sind die Haare, die nie geschnitten wurden. Die Kraft der unschuldigen Frau liegt in ihren Haaren. Je länger diese Haare sind, um so stärker ist die magische Kraft der Unschuld. An diesen Haaren hangelt sich die weise Frau empor. Diese Haare sind die Hoffnung.
Aber ein Mann entdeckt das Geheimnis. Auch er ist von der Unschuld der Frau betört und raubt ihr die Unschuld. Die Strafe ist furchtbar. Die weise Frau ist enttäuscht, als sie bemerkt, dass sie betrogen wurde, und straft die beiden. Sie trennt die beiden, schneidet Rapunzels Haare, zerstört also den Seelenweg, und den Mann blendet sie. Der irrt dann verworren durch die Welt auf der Suche nach der großen Liebe, die er früh verspielt hat.
Wie alle Märchen geht auch dieses glücklich aus. Nach langen Irrwegen finden sich die beiden wieder. Ihre Tränen machen den Mann sehend. Er hat sich seine Frau erlitten.

11.1 Erste Schlüsselszene: Abtreibung.

Vom Publikum aus gesehen links tritt auf die Frau. Von rechts tritt auf die Weise Frau.

WEISE FRAU: Kennst du jemanden, der abgetrieben hat?

FRAU: Ja, ich kenne jemanden.

WEISE FRAU: Und ist es nicht so, dass diese Frau ab und an nachzählt, wie alt das Kind jetzt wäre, wenn sie es bekommen hätte?

FRAU: Ja, so ist es in der Tat.

WEISE FRAU: Weißt du, warum das so ist?

FRAU: Nun ja... Weil man die Tat irgendwie bereut?

WEISE FRAU: Das mag sein. Der wahre Grund ist der, dass man eine Seele nicht abtreiben kann. Der körperliche Mensch, den man da abtreibt, hat eine Seele. Diese Seele kann niemand abtreiben. Die Seele erlebt die Abtreibung als großen Schmerz, der Chance beraubt zu sein, sich entwickeln zu können.

FRAU: Und was soll diejenige, die abgetrieben hat, tun?

WEISE FRAU: Das, was wir für Verstorbene tun: Wir beten darum, dass die Seele keinen Schaden nehmen möge. Wir beten so, wie wir für einen Verstorbenen beten. Wir stellen die Kraft, die wir haben, zur Verfügung, dass die Seele in den Himmel wächst.

FRAU: Also beten wir für die Seele? Und das soll helfen gegen das Schuldgefühl?

WEISE FRAU: Ein Schuldgefühl bringt niemanden weiter. Ich wiederhole: Was dich weiterbringt und entschuldigt, ist, dass du deiner Pflicht, die Seele zu unterstützen, dass sie in den Himmel wächst, nachkommst. Wer diese Pflicht erfüllt, hat keine Zeit für Schuldgefühle.

FRAU: So ist die Frau, die abgetrieben hat, entschuldigt?

WEISE FRAU: Wenn sie für die Seele betet, ist sie für immer entschuldigt.

Die Frau und die Weise Frau verneigen sich voreinander.

11.2 Zweite Schlüsselszene: Die verlorene Unschuld.

Vom Publikum aus gesehen links tritt auf die Frau. Von rechts tritt auf die Weise Frau.

WEISE FRAU: Du hast sexuelle Probleme?

FRAU: Ja, die habe ich.

WEISE FRAU: Dein Sexualleben ist nicht erfüllend?

FRAU: Ja, es ist nicht erfüllend.

WEISE FRAU: Du kannst dich dem Manne nicht öffnen?

FRAU: Ja, ich kann mich dem Manne nicht richtig öffnen.

WEISE FRAU: Wie alt warst du, als du deine Unschuld verloren hast?

Die Frau antwortet, indem sie ihre Wirklichkeit beschreibt.

WEISE FRAU: Wie war es?

Die Frau beschreibt die Wirklichkeit.

WEISE FRAU: War das würdig oder unwürdig?

Die Frau beschreibt die Wirklichkeit.

WEISE FRAU: Warum hast du das zugelassen?

Die Frau beschreibt die Wirklichkeit.

WEISE FRAU: Beschreibe mir nun, wie es hätte sein müssen. Wann wäre der richtige Zeitpunkt gewesen? Und welche Bedingungen hätten erfüllt werden müssen, damit dir der Einstieg ins erwachsene Leben gut gelingt?

Die Frau entwickelt nun, wie es hätte sein müssen, und beschreibt es in gut nachvollziehbaren Bildern.

WEISE FRAU: Niemand kann die Zeit zurückdrehen. Was geschehen ist, ist geschehen. Wir können nur aus dem Geschehenen eine Lehre ziehen. Aber wir können die Zukunft formen.

FRAU: Wie meinst du das?

WEISE FRAU: Vielleicht findest du einen Mann, der deine Bedingungen erfüllt. Denn jetzt bist du reif.

Die Frau und die Weise Frau verneigen sich voreinander.

11.3 Dritte Schlüsselszene: Mann und Frau werden erlöst.

Vom Publikum aus gesehen links tritt auf die Frau. Von rechts tritt auf der Mann.

MANN: Ich war all die Jahre blind und habe nicht gesehen, wer du wirklich bist.

FRAU: Ich habe all die Jahre meiner verlorenen Unschuld nachgetrauert. Ich habe nie begriffen, warum du mich verlassen hast.

MANN: Ich war all die Jahre blind und habe nicht gesehen, wer du wirklich bist. Deswegen habe ich dich verlassen, wobei es keine Rolle spielt, ob ich dich innerlich verlassen habe oder ob ich wirklich weggegangen bin.

FRAU: Wenn ich an die Zeit zurückdenke, spüre ich nur unfassbare Schmerzen. Die Schmerzen einer zu Unrecht verlassenen Frau.

MANN: Ich habe überall woanders die Liebe gesucht, aber sie nie gefunden.

FRAU: Was macht dich sehend?

MANN: Deine Tränen.

FRAU: Aber ich habe doch all die Jahre viel geweint.

MANN: Es waren Tränen des Zornes, Tränen der Wut, Tränen der Enttäuschung.

FRAU: Und die erlösen nicht?

MANN: Nein, die erlösen mich nicht.

FRAU: Und welche Tränen erlösen dich?

MANN: Ehrliche Trauer über unsere verlorene Liebe.

FRAU: Aber die spüre ich doch.

MANN: Dann hast du uns erlöst.

Frau und Mann treten aufeinander zu, legen Stirn an Stirn und fassen sich bei den Händen.

BEIDE: Wir sind erlöst.

12. Der Wolf und die sieben Geißlein.

Die Geißenmutter muss in die Stadt, um Besorgungen zu machen, und warnt ihre sieben Geißlein, niemanden hereinzulassen. Nur der Mutter, die sie an ihrer weißen Pfote und der hellen Stimme erkennen, sollen sie die Türe öffnen.
Kurz nachdem die Mutter gegangen ist, kommt der böse Wolf vorbei und klopft an der Tür. Die Geißlein erkennen jedoch an seiner tiefen Stimme den Wolf. So lassen sie die Türe verschlossen. Der kluge Wolf geht zum Krämer und frisst ein Stück Kreide, um damit seine Stimme zarter zu machen. Dann kehrt er zum Haus der Geißlein zurück. Diesmal aber erkennen die Geißlein ihn an seiner schwarzen Pfote, die der Wolf auf das Fensterbrett legt, und lassen ihn nicht hinein. Der Wolf geht nun zum Bäcker und lässt sich Teig auf den Fuß streichen, dann zwingt er den Müller, seinen Fuß mit Mehl zu bestäuben. Mit der hohen Stimme und der weißen Pfote gelingt es ihm nun, die Geißlein zu täuschen. Sie öffnen die Tür, der böse Wolf stürmt hinein und verschlingt sechs der sieben Geißlein. Lediglich das kleinste Geißlein kann sich in der Standuhr verstecken. Als die Mutter wieder nach Hause kommt, schlüpft das Geißlein aus seinem Versteck und erzählt der Mutter, dass der Wolf alle anderen Geißlein verschlungen hat. Als Mutter und Geißlein den Wolf schlafend auf der Wiese vor dem Haus finden, holt die Geißenmutter ihr Nähzeug aus dem Haus. Mit der Schere öffnet sie den Bauch des Wolfes und entdeckt glücklich, dass alle Geißlein leben. Diese springen aus dem Bauch des Wolfes, füllen ihn mit Wackersteinen und nähen ihn zu. Als der Wolf wieder aufwacht und zum Trinken an den Brunnen geht, wird er durch die Last der Steine hinein gezogen und ertrinkt. Die Geißenmutter und ihre sieben Geißlein aber sind glücklich.

12.0 Deutung.

In dem Märchen der Wolf und die sieben Geißlein geht es um Krankheit. Der Wolf, das Dunkle, Entfesselte, verschlingende Prinzip, beschreibt im weitesten Sinne den Krebs, der die Zellen verschlingt. Die Mutter, das heißt die Seele, ist fort, sie ist beim Einkaufen. Die Seele verströmt ihre Kraft im Konsum. Die sieben Chakren, im Märchen die sieben Geißlein, sind zwar angehalten, der Finsternis nicht die Tür zu öffnen, aber wenn die Chakren allein gelassen sind, ohne das Bewusstsein der Seele, sind sie der trickreichen Gegenmacht ausgeliefert. Die Erkennungszeichen, weiß zu sein wie die Unschuld und eine hohe, sanfte Stimme zu haben, reichen nicht aus, um die Krankheitskeime abzuwehren. Denn die Krankheitskeime, seien es Bakterien oder Viren, verfügen über die Fähigkeit der Mutation. Sie können sich so verändern, dass die Zelle glaubt, das Licht kehre zurück. Die Zelle öffnet sich, lässt die scheinbaren Lichtbringer herein (Luzifer ist gleich Lichtbringer) und wenn sie eingelassen sind, verschlingen die Bakterien oder die Viren die Zellen und der Wucherungsprozess beginnt. Das Immunsystem unterliegt dem Angriff der Finsternis.
Mythologisch ist dieser Prozess nicht unbekannt. In der Sage um Troja ziehen die Trojaner ein großes hölzernes Pferd durch das Tor ihrer uneinnehmbaren Stadtmauern, nicht wissend, dass sich im Bauch feindselige Griechen befinden, die dann nachts aus dem Bauch des hölzernen Pferdes aussteigen und die Stadtmauern von innen öffnen. In dem Märchen der Wolf und die sieben Geißlein wird das siebte Geißlein, das hier für das Herz steht, vom Wolf nicht gefunden. Und tatsächlich: Für das Herz besteht keine Krebsgefahr. Von hier aus, also von der Verbindung Herz und Seele, geschieht die erlösende Rettung, der universale Heilungsansatz.

12.1 Erste Schlüsselszene: Ärztlicher Fragenkatalog.

Vom Publikum aus gesehen links tritt auf die Patientin oder der Patient. Von rechts tritt auf der Arzt.
ARZT: Sie fühlen sich manchmal unwohl, haben hie und da Beschwerden. Gehen wir der Sache auf den Grund.
PATIENT: Gehen wir der Sache auf den Grund.
ARZT: Wir verzichten auf aufwändige maschinelle Untersuchungen. Uns reicht Ihr Bewusstsein für Ihren Körper.
PATIENT: So sei es.
ARZT: Wie ist Ihre Verdauung? Haben Sie Durchfall, Verstopfung, Blähungen?
Der Patient antwortet der Wirklichkeit entsprechend.
ARZT: Wie ist ihr Uro-Genital-System? Schmerzen beim Wasserlassen? Genügend Ausscheidung? Schmerzen bei der Monatsblutung?
Der Patient antwortet der Wirklichkeit entsprechend.
ARZT: Wie geht es Ihrer Leber? Ihren Nieren? Ihrer Galle? Ihrer Bauchspeicheldrüse? Ihren Lungen?
Der Patient antwortet der Wirklichkeit entsprechend.
ARZT: Was macht Ihr Hals? Häufig Schluckbeschwerden? Halsentzündung? Stimmbänder?
Der Patient antwortet der Wirklichkeit entsprechend.
ARZT: Haben Sie Migräne? Schmerzende Augen? Trockene Augen? Tränende Augen? Kopfschmerzen?
Der Patient antwortet der Wirklichkeit entsprechend.
ARZT: Wie ist Ihr Schlaf? Können Sie nicht einschlafen?
Der Patient antwortet der Wirklichkeit entsprechend.
ARZT. Kommen wir nun zum letzten Punkt: Ihr Herz. Wie ist ihr Blutdruck? Wie ist Ihr Puls? Ist Ihr Herz im stetigen Rhythmus oder holpert und stolpert es?
Der Patient antwortet der Wirklichkeit entsprechend.
ARZT: Mit diesen Informationen kann ich mir ein erstes Bild von Ihnen machen.

12.2 Zweite Schlüsselszene: Das kranke Herz.

Vom Publikum aus gesehen links tritt auf die Patientin oder der Patient. Von rechts tritt auf der Arzt.
ARZT: Ihr wirkliches Krankheitsbild ist das kranke Herz. Ihr Herz wurde verletzt. Wahrscheinlich schon früh in ihrer Kindheit durch Situationen, an die Sie sich heute nicht so einfach erinnern können.
PATIENT: Das mag so sein.
ARZT: Ich brauche Ihre Mithilfe. Erzählen Sie mir eine Situation, in der Ihr Herz verletzt wurde.
PATIENT: So schnell fällt mir nichts ein.
ARZT: Wurden sie geschlagen? Belogen? Missbraucht? Alleine gelassen?
Der Patient antwortet wahrheitsgetreu.
ARZT: Erinnern Sie sich weiter. Welcher Schatten liegt auf Ihrem Herzen? Welche Ereignisse haben sie erlebt, an die Sie sich heute nicht mehr erinnern wollen?
Der Patient antwortet wahrheitsgetreu.
ARZT: Seien Sie sich bewusst, dass wenn Sie diese Erinnerungen aktivieren, Sie genau das Gleiche fühlen werden wie damals. Und dass alles in Ihnen dafür kämpfen wird, dass die Erinnerungen nicht mehr aktiv werden. Aber im Unbewussten wirken sie. Und sie machen krank. Sind Sie mutig und erzählen Sie.
Der Patient antwortet wahrheitsgetreu.
ARZT: Nun haben wir drei Bilder, die Ihr Herz belasten und zu einer Dysbalance in Ihrem Energiehaushalt führen.
PATIENT: Und was mach ich jetzt damit?
ARZT: Langsam, langsam. Nicht schon wieder alles verdrängen wollen. Das haben Sie zur Genüge getan. Lassen Sie Ihr Lebensschicksal auf sich wirken. Begreifen Sie, dass der Weg, den Sie gehen mussten, nur für Sie bestimmt war und dass sich der Sinn erst am Ende erschließt.

12.3 Dritte Schlüsselszene: Mensch und Seele.

Vom Publikum aus gesehen von links tritt auf der Mensch. Von rechts tritt auf die Seele.

MENSCH: Wer bist du?

SEELE: Ich bin deine Seele.

MENSCH: Ich habe dich all die Jahre bis zum heutigen Tag nicht gespürt. Wo warst du?

SEELE: Ich war immer bei dir, aber du hast mich nicht ernst genommen. Du warst zu sehr im Irdischen verhaftet.

MENSCH: Wieso hast du dich nicht bemerkbar gemacht?

SEELE: Ich habe nur ein leises Stimmchen. Die Bedürfnisse nach irdischem Glück schreien so laut, dass man mich ganz leicht überhört.

MENSCH: Was soll ich tun, um dich besser zu hören?

SEELE: Gib mir Raum in deinem Leben. Suche die Stille, nicht den Lärm. Suche die Meditation, nicht die Diskussion. Suche das Gebet und nicht die Drogen.

MENSCH: Und dann?

SEELE: Und dann erzähl dein Lebensschicksal neu.

MENSCH: Wem?

SEELE: Dir selbst. Du bist der einzige Mensch, der dir wirklich zuhört.

MENSCH: Was heißt das?

SEELE: Hör auf, den anderen Schuld zu geben. Verzeih ihnen im Geiste. Versöhne dich mit ihnen im Geiste. Und sehe ein, dass alles geschehen ist, um dich deiner Seele Stufe für Stufe näher zu bringen.

MENSCH: Und wenn ich nicht an Seele glaube?

SEELE: Warum willst du nicht an Seele glauben? Ich stehe vor dir und ich bin gekommen, um dich zu erlösen.

Der Mensch sinkt der Seele in die Arme. Diese hält ihn eine Weile still.

Nachwort des Autors.

Sowohl im Kindertheater, als auch in meinen Theaterstücken für Erwachsene habe ich eine Vielzahl an Märchen inszeniert, die bei Interesse beim Galli Verlag einsehbar und erhältlich sind. Neben den im vorliegenden Script gedeuteten und entschlüsselten Märchen, die ich alle auch inszeniert habe, möchte ich zur Inspiration den interessierten Lesern eine Auswahl an Theaterstücken vorstellen, in denen mir Märchen als dramaturgische Vorlagen dienten.
Das Märchen Rotkäppchen liegt nicht nur als Kindertheaterstück vor, sondern auch in einer Fassung für Erwachsene mit dem Titel "Rothäppchen". Ich habe das Stück im Auftrag der UNO in Wien als Präventionstheaterstück zu den Themen Prostitution, sexuelle Ausbeutung und Gewaltprävention entwickelt.
"Belladonna" heißt die Bearbeitung des Märchens Rumpelstilzchen für Erwachsene, in der ein unbeholfenes Mädchen mit Schönheit, Klugheit und Erotik konfrontiert wird. Im Traum wird sie von magischen Gestalten in die Geheimnisse des Frauseins eingeweiht.
Das Märchen Froschkönig für Erwachsene habe ich unter dem Titel "Froggy" als Musical inszeniert. Dr. König, Besitzer einer Froschschenkelfabrik, schenkt seiner Tochter Princy einen wertvollen Diamanten in einem goldenen Kugelanhänger. Froggy, ein junger, rebellischer Mitarbeiter in Dr. Königs Froschschenkelfabrik, gerät an Princys goldene Kugel und sie muss ihm so einiges versprechen, um die Kugel wiederzubekommen.
Im Abendtheaterstück "Hänsel wird gegretelt", dem das Märchen Hänsel und Gretel zugrunde liegt, geraten John und Greta in die Fänge von Rex Hex, der die beiden verführt. Doch Greta nutzt ihre weibliche Erotik als Waffe, um Rex Hex zu bezwingen und John zu befreien.
Das Märchen "Die kleine Seejungfrau" liegt als Inszenie-

rung für Kinder vor und wurde außerdem als Musiktheaterstück unter dem Titel "Nixxy" veröffentlicht. Nixxy verliebt sich in einen Prinzen, der sie aber nicht erkennt. Als sie sogar ihre Stimme opfert, um eine Menschenfrau zu werden, kann nur die Liebe ihrer Mutter sie retten.
Nicht nur als Märchentheaterstück, sondern auch als Sketch zum Arzneimittelbild des homöopathischen Mittels Lycopodium habe ich "Das tapfere Schneiderlein" inszeniert. Hier muss ein angeberisches Schneiderlein allerlei Abenteuer bestehen, bis es die schöne Prinzessin zur Frau erhält.
"Frau Holle" ist ein bei Kindern sehr beliebtes Märchentheaterstück, das die Geschichte der ungleichen Schwestern beschreibt: Während die von Stiefmutter und Stiefschwester ungeliebte Goldmarie im Reich der Frau Holle alle Arbeiten fleißig erledigt und mit Gold belohnt wird, macht Pechmarie keinen Finger krumm und erhält dafür Pech. Am Ende versöhnen sich die beiden und auch Pechmarie erkennt, dass Frau Holle eine Göttin ist.
Aus dem Orient habe ich das wunderschöne Märchen "Aladdin und die Wunderlampe" inszeniert, in dem Aladdin mit Hilfe des Lampengeistes den bösen Zauberer bezwingt und die Liebe der Tochter des Sultans erringt.
Das beliebte Märchen "Brüderchen und Schwesterchen" habe ich als Adaption der russischen Märchenversion inszeniert. Hier wird das Brüderchen in eine Ziege verwandelt und das Schwesterchen von der Hexe im See gefangen gehalten, bis es dem König mit Hilfe der Ziege gelingt, das Schwesterchen zu befreien.
Neben den Theaterstücken sei an dieser Stelle außerdem auf meinen ersten Roman verwiesen: "Sonnenmond - Das verspielte Paradies". Der Roman handelt vom Untergang des Volkes der Freunde. Ihnen bleibt als einzige Möglichkeit, ihr heiliges Wissen zu retten, den Kindern des Volkes Seelengeschichten zu vermitteln. So entstanden die Märchen.

Eine Auswahl an
Produkten aus dem
Galli Verlag

J.Galli/M. Summ
CD Märchenlieder
ISBN 978-3-943044-18-8, 60:09 min

CD Märchenlieder

Die von Kindern heiß geliebten Märchenlieder aus neun wunderschönen Inszenierungen des Galli Theaters sind auf einer CD zusammengefasst. Die Musikstücke regen die Kinder zum Mitspielen und -singen an. Die CD enthält Lieder zu folgenden Märchen:

• *Dornröschen* • *Rotkäppchen*
• *Rumpelstilzchen* • *Der Froschkönig*
• *Schneewittchen* • *König Drosselbart*
• *Das tapfere Schneiderlein* • *Die Bremer Stadtmusikanten* • *Hans im Glück*

J. Galli/M. Summ
CD Märchen mit Musik
ISBN 978-3-926032-38-6, 63:40 min

CD Märchen mit Musik

Mit feinem Gespür und großer Wandlungsgabe verleiht der Erzähler Johannes Galli den Märchen eine unbeschreibliche Lebendigkeit. Er schlüpft gekonnt in die unterschiedlichsten Rollen. Davon läßt sich der Musiker Michael Summ inspirieren und es entsteht ein märchenhaftes Kunstwerk. Die CD enthält die vier Märchen:

• *Dornröschen* • *Rotkäppchen*
• *Rumpelstilzchen* • *Der Froschkönig*

Märchen und Mythen

Die Sprache der Gefühle

Sieben bekannte Märchen werden zur Bearbeitung ihrer tiefen Symbolkraft angeboten. Mit leitenden Fragen bekommen die Leser einen tiefen Zugang zu den Seelenbildern, die jedem Märchen zugrunde liegen.

Johannes Galli
Märchen und Mythen
Die Sprache der Gefühle
ISBN 978-3-934861-55-8
184 Seiten, 2. Auflage 2010

Roman

Sonnenmond

Das verspielte Paradies

Dieser 470 Seiten umfassende Roman berichtet vom Volk der Freunde, das durch die gierigen Eisenmänner vom Untergang bedroht ist. Es ist die Aufgabe von sieben auserwählten Kindern, das zentrale Wissen des Volkes der Freunde zu bewahren und weiterzugeben. So entstehen die großen Märchen, die wir heute noch kennen.

Johannes Galli:
Sonnenmond - Das verspielte Paradies
Gebundene Ausgabe
ISBN 978-3-934861-53-4
470 Seiten, 1. Auflage 2003

Galli Verlag
Adelheidstr. 21
65185 Wiesbaden
Tel. +49(0)611 - 341 8999
Fax. +49(0)322 - 1122 680 128
eMail: verlag@galli.de

Online Bestellungen:
www.galliverlag.de

Galli